Lenguaje corporal

guía para analizar el comportamiento

(Aprenda el arte de la comunicación no verbal)

Jack Lara

Publicado Por David Kruse

© **Jack Lara**

Lenguaje corporal: guía para analizar el comportamiento (Aprenda el arte de la comunicación no verbal)

ISBN 978-1-989744-25-3

Este documento está orientado a proporcionar información exacta y confiable con respecto al tema y asunto que trata. La publicación se vende con la idea de que el editor no esté obligado a prestar contabilidad, permitida oficialmente, u otros servicios cualificados. Si se necesita asesoramiento, legal o profesional, debería solicitar a una persona con experiencia en la profesión.

Desde una Declaración de Principios aceptada y aprobada tanto por un comité de la American Bar Association (el Colegio de Abogados de Estados Unidos) como por un comité de editores y asociaciones.

TABLA DE CONTENIDO

Parte 1

Introducción

¡Hey, rudo!

Quiero agradecerte y felicitarte por descargar *BodyLanguage Training*.

Tú debes saber que los seres humanos están constantemente leyendo situaciones y otras personas para que, realmente rápido, puedan saber en qué categoría los ponen: estatus alto, estatus medio, o estatus bajo.

Es sólo un mecanismo de supervivencia, porque hay que saber quién tiene el poder y quién no. Eso es algo que ha estado presenteen nosotros durante miles y miles de años.

Por lo tanto, la mayoría de la gente no confía en las palabras, porque se nos ha enseñado desde muy pequeños a mentir con ellas. Todo el mundo puede decir: "Yo conduzco ese superdeportivo", "Yo vivo en ese penthouse", "Conozco a *esa* persona". A lo que me refiero es que todo el mundo puede decir esas palabras: tanto los individuos de estatus alto como los de estatus bajo.

Es por eso que la mayoría de las personas prefieren leer esas señales de estado a través del lenguaje corporal: ¡ESA es la señal honesta! No es fácil de falsificar y se reconoce fácilmente.

Recuerde esta ley general: lenguaje corporal de alto nivel = persona de alto nivel.

Así de sencillo, y confiamos en ello.

Una vez que tomamos la decisión o formamos una opinión sobre esa persona, es casi imposible que la cambiemos.

Por lo tanto, tu lenguaje corporal es la VERDAD TACITA, y deberías dominarlo si quieres mejorar tu jugada y tu vida entera.

Y ahora, les mostraré cómo entrenarse para convertirse en un completo, poderoso y rudo, que muestra un estatus alto en cada situación. Gracias de nuevo por tu compra. ¡Ahora vamos a empezar!

La Fundación para Todas las Cosas Rudas

"El optimismo es la fe que conduce al logro. No se puede hacer nada sin esperanza y confianza". - Helen Keller.

Si la confianza fuera un hombre, apuesto a que sería uno de los más incomprendidos, como, digamos, Caitlyn Jenner. De hecho, la percepción o impresión de la mayoría de la gente es a menudo demasiado distorsionada como para que sólo unas pocas personas se atrevan a acercarse a menos de 3 metros de ella. ¡Pero tú no, amigo! Quieres ser un macho alfa que atraiga a las chicas y se meta bajo sus pantalones, ¿verdad?

Es por eso que usted no debe temer el concepto de confianza, sino más bien abrazarlo como lo haría con Megan Fox o Mila Kunis si tuviera tanto la oportunidad como las pelotas para hacerlo. Para ayudarte a hacer exactamente eso, voy a patear esas percepciones torcidas en el trasero para sacártelo de tu sistema de un golpe.

No es para sonar espiritual y santurrón,

pero una de las mejores maneras en que puedo llevar a casa la importancia de tener el pensamiento correcto acerca de la confianza se encuentra en la Biblia. Sí, lo leo a veces. Dice que no se puede poner vino nuevo en odres viejos - la forma antigua de almacenar y envejecer vinos nuevos. ¿Por qué? Dice -y esto está científicamente comprobado- que, si pones vino nuevo en una bota vieja, esta última reventará y desperdiciará ese vino nuevo.

Tu forma de pensar son los odres y lo que estás a punto de aprender sobre la confianza es el vino nuevo.Por lo tanto, tiene mucho sentido reemplazar los odres viejos (posturas) con otros nuevos que te permitirán recibir nuevas enseñanzas que llevarán tu nivel de confianza en ti mismo ¡a nuevas alturas de gloria!

MENTALIDAD EQUIVOCADA SOBRE LA CONFIANZA

Pensamientos equivocados o creencias

acerca de la confianza, ciertas ideas te hacen usarla mal o te impiden siquiera perseguirla.

Para ayudarte a tener la suficiente confianza como para ser un tipo agresivo, echemos un vistazo a algunas de las ideas equivocadas más comunes que pueden impedir que quieras tener confianza o que la uses correctamente.

Percepción distorsionada #1: Puedes fingir hasta que lo consigas

Sí, ya lo habías oído antes. Actúa como si fueras rico y, tarde o temprano, ¡tendrás un millón de dólares en tu cuenta bancaria! Nada puede estar más lejos de la verdad. Si actúas como si fueras rico.

¡necesitaras gastar una fortuna! Si gastas como rico cuando aún no lo eres, lo último en lo que te convertirás es en millonario. ¡De hecho, terminaras declarándote en bancarrota! Sentido común, ¿verdad?

Cuando se trata de confianza, actuando como si lo eres sólo puede llevarte hasta cierto límite.

Claro, es una buena manera de aumentar tu confianza en corto plazo y ayudarte a empezar con el pie derecho cuando se trata de construir genuinamente la confianza en ti mismo, pero si eso es todo en lo que te vas a apoyar, es mejor que no lo intentes en lo absoluto. Necesitas un cambio auténtico desde dentro si quieres tener mucha confianza y exhibir consistentemente el lenguaje corporal correcto para atraer a todas las chicas que quieras.

Con la confianza pirateada (léase: falsificada), probablemente podrás convencer a la mitad de la gente la mitad del tiempo o, si quiere ser optimista, a toda la gente todo el tiempo.

Pero créeme, no funcionará, especialmente si estás tratando de conquistar a una chica muy sensual. Puedes actuar con toda la confianza y toda esa mierda, pero tan pronto como esa chica desafíe tu "confianza" y tu " hombría " haciendo que las cosas se pongan difíciles, al final te doblarás. Tu verdadero yo y tu debilidad finalmente se mostrarán en las hendiduras hasta que seas el epítome de un HumptyDumpty: en el suelo y roto.

Así que vamos a trabajar en tu órgano más importante. ¡No, tu pene no! ¡Estoy hablando de tu cerebro! ¡Cambia de opinión y puedes cambiar tu vida! Cuando estas genuinamente seguro de ti mismo, tu lenguaje corporal será naturalmente consistente e incuestionable. Tú y yo conocemos el resultado inevitable de ese lenguaje corporal, ¿verdad?

Percepción distorsionada #2: La confianza es Hubris.

Hubris es estar demasiado seguro de sí mismo, es decir, ser egocéntrico, arrogante, engreído y sentirse superior a todo el mundo. Al igual que con la comida y el sueño, el exceso de las cosas buenas puede llegar a ser malas para tu vida sexual. ¿De acuerdo? Me lo imaginaba.

Bien, así que ahora que tienes esa confianza para conseguir chicas no es arrogancia, ¿cómo puedes determinar cuánto es demasiado? Cómo me gustaría que hubiera una especie de récord mundial Guinness métrico u oficial de algún tipo para referirme, pero desafortunadamente, no hay ninguno. Eso no significa que no podras averiguar si eres confiado o arrogante. Tu puedes estimar si eres a través de las siguientes comparaciones.

Interrumpir

Entonces, ¿cuándo es interrumpir más de arrogancia o Hubris y cuándo es confianza? Si estás en una conversación con alguien que le gusta tu hermanita y está hablando de cómo le gustaría acostarse con ella y de todas esas cosas sexuales de las que están hechas las películas pornográficas extremas, interrumpirlo en medio de su discurso no es sólo una cuestión de confianza, sino que también es lo que hay que hacer. Tener el valor de contrariar a tu amigo íntimo para defender el honor de tu hermanita es confianza.

Si estás con un grupo de amigos y alguien estaba hablando de su reciente y significativo logro y te metes a presentar tu propia agenda sin darle a tu amigo el beneficio de terminar la historia, eso es arrogancia o Hubris. Eso no está nada bieny serias irrespetuoso. Tampoco es seguro, especialmente si tu amigo está hecho como Dwayne "La Roca" Johnson.

Nombrando a alguien

Imagínate que fuiste enviado por el presidente de tu compañía para representarlo en una reunión muy importante y de alto nivel. Cuando llegas a la sede de la otra compañía y vas directamente a la oficina del presidente de esa compañía y dices: "Estoy aquí para reunirme con el Sr. o la Sra. tal-y-tal. Estoy representando al presidente de nuestra compañía, el Sr. o la Sra. Esto y Eso", eso no es dejar soltar el nombre. Eso es confianza en la autoridad que el presidente de tu compañía te dio.

Si eres uno de los millones de personas que forman parte de la mega secta del iPhone y querías conseguir una unidad del último modelo el día del lanzamiento, pero te has dado cuenta -para tu disgusto- de que la fila a las 12:00 de la medianoche ya tiene dos manzanas de largo, tienes dos opciones. Ponte en fila y acampa o regresa por la mañana, ve al frente de la fila y dile al personal de la tienda que "Conozco a Tim Cook." Eso es arrogancia. No eres el único que conoce a Tim Cook. Prácticamente todo el mundo en los Estados Unidos o que es un fanático del iPhone lo conoce también. La única pregunta entonces es; ¿Él te conoce a ti? Y aun así, eso no te da derecho a meterte en la fila.

Señalar con el Dedo

Cuando tu compañero de oficina es ascendido a pesar de tu opinión discrepante y le señalas diciendo sinceramente "¡Tú eres el hombre (o la mujer)", eso es confianza! Señalar con el dedo a un compañero de oficina cuando te diriges a él o ella durante una reunión no lo es - eso es arrogancia.

Percepción distorcionada #3: La Confianza Es Chutzpah

Pronunciada como hutz-pah (la C es silenciosa), se deriva de la palabra hebrea o judía - sorpresa - "hut spa" que se refiere a insolencia o audacia. Al igual que la arrogancia, el chutzpah es una manifestación negativa de confianza en el sentido de que excede los niveles saludables de la materia. Entonces, ¿cómo sabes si es descaro o confianza? Al igual que con la arrogancia, te lo mostraré a través de ejemplos.

Confianza es pedir a un demócrata que vote por un candidato presidencial republicano. Chutzpah se está burlando o condenando a esa persona por no satisfacer su petición. Caminando hacia una desconocida sexy y hermosa en un bar, comenzando y manteniendo una interesante y divertida broma y finalmente consiguiendo su número es confianza.

Chutzpah le dice a la misma chica cuando te acercas a ella: "¿Por qué no te haces un gran favor y me haces el amor?"

Pedirle a un cliente potencial que acaba de rechazar tu argumento de ventas para que te recomiende es una cuestión de confianza. Forzar a ese prospecto a aceptar tu propuesta diciéndole lo jodida que está su lógica por no hacerlo y calumniar sus habilidades para tomar decisiones es una actitud descarada. Hay un millón de ejemplos más que puedo darte, pero te haces una idea, ¿eh?

Percepción distorsionada #4: Confianza Significa ser Insensible

Tú no tienes que hacer caso omiso de los sentimientos y opiniones de otras personas actuando y hablando de manera ofensiva, descortés o maleducado para tener confianza en ti mismo. Otra vez, eso es exceso de confianza. No es confianza bromear sobre la discapacidad física de una persona en compañía de otras personas - es insensibilidad. Al igual que el alcohol, la confianza es mejor en cantidades moderadas porque muy poco de él no es útil y mucho de él es destructivo.

Aquí hay ejemplos que pueden ayudar a clarificar la diferencia entre la confianza y la simple insensibilidad.

Expresar lo que piensas

Cuando dices lo que piensas en el lugar, el tono, el tiempo y con las palabras correctas, eso es confianza. Tomemos el caso del sabor del año de hoy: el matrimonio entre personas del mismo sexo. Confianza es expresar cómodamente tu opinión opuesta sobre el asunto cuando te lo pide un fanático religioso o un fanático LGBT de corazón duro. Se necesita confianza para expresar respetuosamente y honestamente una opinión distinta de cualquier manera con cualquiera de las dos personas extremas cuando se les pregunta. Si simplemente expresas una opinión que te mantendrá en las gracias de la persona que te pregunta, no tienes confianza. Eres un cobarde.

La insensibilidad es cuando te presentan a una pareja del mismo sexo e inmediatamente dices sin pestañear: "Creo que estás en la carretera al infierno". Cuando se te presenta a una persona sumamente religiosa y de inmediato comentas "Dios no es real. Es sólo opio para las masas que no son capaces de aceptarlos en la vida real", eso también es insensibilidad.

Fumar

Fumar es una de esas espadas de doble filo cuando se trata de confianza. Por un lado, no se puede negar el factor coolconfiere a los que respiran y resoplan hasta que el cigarro se quema. No busques más allá del Marlboro Man, uno de los símbolos cool más perdurables de todos los tiempos. Morir de cáncer de pulmón nunca se vio tan bien, ¿eh? Fumar en las áreas designadas, a pesar de lo que la gente piensa al respecto, es confianza.

Fumar en áreas no designadas y en presencia de no fumadores no es confianza. Es insensibilidad.

Lo entiendo, todos tenemos derecho a vivir o morir como queramos. Pero nuestros derechos terminan donde empiezan los de los demás y, lamentablemente, muchas personas insensibles no saben dónde está el límite. Es como si fueran los centros del universo y todas las personas y todas las cosas giraran en torno a ellos y a sus derechos. ¡Tenga confianza, no sea insensible!

LA VERDADERA CONFIANZA ES

Ahora que hemos demolido algunas de las mentalidades equivocadas que pueden haberle impedido desear tener confianza, ¡es hora de que The real Slim shady se ponga de pie! Te ayudaré a entender lo que es la verdadera confianza a través de la ilustración del limonero.

Si plantas una semilla de limón en el suelo, ¿qué puedes esperar razonablemente que crezca en ese pedazo de tierra dentro de muchos años? Así es, ¡un limonero! ¡Muy bien, Holmes! ¡Has estado haciendo tu tarea, por lo que veo! ¿Por qué esperas que sea así? Es bastante obvio - no se puede esperar que una semilla de limón, al menos razonablemente al menos, ¡crezca hasta convertirse en un árbol de manzanas!

Ahora, imagina conmigo por un momento que ha pasado más de una década desde la última vez que visitaste esa semilla plantada y cuando regresaste, encuentras que en su lugar hay un árbol de limón - ¡con limones! Si tu recoges todos los limones colgando de sus ramas, ¿puede esperar cosechar limones de nuevo en la próxima temporada? Pues, sí que lo harías. ¿Por qué? ¡Porque es un árbol de limón, Holmes! Sería una locura esperar que las manzanas crezcan de un árbol de limón, ¿verdad?

¿Pero qué pasa si injertamos manzanas en las ramas del árbol de limón para poder cosechar manzanas el próximo año? ¿O si injerta ramas de manzano en el tronco del árbol de limón, puede esperar que crezcan manzanas de ese árbol la próxima temporada o las siguientes?

No. ¿Por qué? Así es, no es un árbol de manzanas. Es un árbol de limón y como tal, túpuedes esperar que crezca limones año tras año.

Si cortas las ramas, ¿aún tendrá limones? Puede que lleve algún tiempo,pero, aun así, sí, volverá a tener limones. ¿Por qué? Porque sigue siendo un árbol de limón. ¿Y si cortas el tronco? En el futuro seguirá teniendo limones, aunque después de un tiempo mucho más largo, porque el árbol entero prácticamente tendrá que volver a crecer.

¿Por qué tanta persistencia?

¿Qué es lo que impide que el árbol de limón que produzca consistentemente frutos de limón, aunque estén casi fatalmente mutilados? Quiero decir, no es un zombie de TheWalkingDead, ¿verdad?

La respuesta es sus raíces. Mientras las raíces estén vivas, el árbol seguirá dando frutos, sobre todo de limón. Hasta que lo arranques de raíz, seguirá dando frutos de limón. ¡Es lo mismo con confianza, Dawg! Si tienes confianza en tu interior (raíces), actuarás consistentemente con confianza y tu lenguaje corporal será inconscientemente el de alguien que está realmente confiado. El lenguaje corporal confiado puede sin duda ayudarte a sentirse seguro rápidamente y también puede ayudarte a sentirte verdaderamente seguro, pero si todo esto es sólo para mostrar y realmente no tiene base para ello (raíces), su lenguaje corporal (frutas) no será consistente.

Si tu verdadero ser no está seguro de sí mismo, no esperes que actúe con confianza a largo plazo. Es por eso que vamos a poner el golpe en términos de una base sólida a partir de la cual tu legendario lenguaje corporal de alto nivel se mantendrá para siempre. Será como construir tu casa sobre piedra sólidas en lugar de arenas movedizas, ¡maldita sea!

Pensar con Confianza en sí Mismo

"Como un hombre piensa en su corazón, así es él."

Francamente, no puedo imaginar un mundo sin prejuicios. Aunque quiero vivir en uno, es imposible porque todos tenemos opiniones y preferencias diferentes. Como tal, no puede existir una armonía perfecta y los prejuicios serán tan seguros como la muerte y los impuestos.

Por ejemplo, me resultaría difícil esperar que la gente de los barrios marginales de los países marginados crea que puede levantarse de las cenizas y vivir una vida próspera si toda su vida, nunca han visto cómo es ser próspero. No es que no quiera animarlos, pero estoy nivelando mis expectativas de que lo más probable es que no pueda hacerlo. Las condiciones de vida en las que estas personas crecieron han creado una mentalidad de pobreza para toda la vida y, como tal, están en contra de la idea de salir de la pobreza debilitante.

¡Contrasta eso con otras personas pobres

que se levantaron de su abyecta pobreza para volverse asquerosamente ricos! ¿Cómo sucedió eso? ¿Cómo llegaron a creer y tener esperanza mientras que la mayoría de la gente del mismo estatus nunca llegó a hacerlo? Es porque algunos de ellos pudieron vislumbrar -incluso una visión- su realidad, que es posible pasar de la pobreza a la prosperidad. Tal vez fue un pariente, amigo o vecino quien pudo hacerlo. Lo importante es que vieron que se podía hacer y por eso creyeron que también podían hacerlo. Por lo tanto, están en contra de la creencia de que, si naces pobre, morirás pobre.

EL PODER DE LOS PENSAMIENTOS

Mientras es verdad que no tienes control directo sobre la mayoría de los acontecimientos de tu vida, como la familia en la que naciste, puedes controlar lo que piensas, ya sea sobre esa chica ardiente a la que has estado observando durante más tiempo o sobre el hecho de que necesitas mucho trabajo a la hora de conquistar a las chicas, entre otros nobles objetivos en la vida. En particular, tú puedes controlar las cosas que entran en tu mente subconsciente, que es la que es responsable de tus hábitos y actitudes.

Antes de profundizar en esta tontería freudiana, permíteme orientarte -si aún no lo has hecho- en tu mente. Está compartimentado en dos: el consciente y el subconsciente. La mente consciente es la que usas para controlar activamente tus movimientos, pensamientos y habla, particularmente cuando estás prestando atención o siendo consciente de ellos. La mente subconsciente, por otro lado, es esa parte de tu mente que básicamente controla tu vida sin tener que ser consciente de ello o ejercer un control activo sobre ella. Estas cosas incluyen la respiración, el latido de tu corazón, tu proceso digestivo y todos los otros movimientos que ya has dominado como conducir, andar en bicicleta y tocar la guitarra.

La mente subconsciente puede ser considerada como un torpedo. Usando tu mente consciente, tú programas las "coordenadas" de los objetivos (metas) que desea lograr y una vez que lo haces, simplemente lo disparas y dejas que haga su trabajo de buscar esos objetivos. Como el torpedo, no puedes controlarlo directamente. Sólo tú puedesreprogramarlo para buscar un conjunto de objetivos totalmente diferentes que estén más alineados con lo que realmente se desea.

¿Alguna vez has experimentado el intentar hacer algo muy difícil - tal vez cambiar un comportamiento o erradicar un hábito - de manera diferente y sólo terminas frustrado porque sigues volviendo a tu antiguo comportamiento o hábito? Es porque estás tratando de adquirir un objetivo controlando el torpedo incontrolable en lugar de reprogramarlo para adquirir un nuevo objetivo. Es como aprender a tocar la guitarra por primera vez. Puedes enterrar tu cabeza bajo todas las lecciones de YouTube que puedas ver en 24 horas, pero al final del día, si te esfuerzas y usas la mente consciente para dominar la guitarra, te sentirás frustrado. Pero si te relajas y simplemente practicas las lecciones que aprendes sin apresurarte, estás en efecto programando tu mente subconsciente y con suficiente práctica, tu mente subconsciente toma el nuevo objetivo y automáticamente lo adquiere. En este punto, se convierte en maestría y naturalidad.

Ahora la decisión es tuya: ¿quieres reprogramar tu mente subconsciente para que te conviertas genuinamente en una persona natural y seas capaz de manifestar de manera natural y a su debido tiempo un lenguaje corporal de alto nivel y atraer y seducir naturalmente a mujeres hermosas para tus placeres carnales? ¡Si es así, entonces considere los siguientes "códigos" que necesitará programar en su mente subconsciente cuando se trate de convertirse en un Holmes verdaderamente seguro de sí mismo!

Excelencia

Una mentalidad que puede causar que tus jugos de confianza en ti mismos se filtren y disipen constantemente es que tú tienes que ser perfecto para tener confianza en ti mismo y en tu hombría. ¡Si piensas así, no te culpo, amigo! Mucho de esto tiene que ver con los problemas de los padres, por ejemplo, crecer con padres que sólo estarán satisfechos con calificaciones menos del 100%. Sin tu consentimiento, tus padres o el ambiente en el que creciste (puede ser tu escuela) programaron tu mente subconsciente para adquirir la perfección como su objetivo.

El problema con la perfección como

objetivo es que nunca se puede alcanzar. ¡Nadie es perfecto, hermano! ¡Y nadie te incluye a ti! Y si te esfuerzas constantemente por lograr algo que es imposible de lograr, te decepcionarás constantemente o, peor aún, te quemarás. De cualquier manera, eso sería un gran golpe para tu autoestima. Y si no eres capaz de procesar bien tales fracasos, corres el riesgo de programarte inconscientemente para que tu mente despierta acepte un nuevo objetivo: el fracaso. Una vez que tu mente subconsciente acepte su nueva misión, estarás impotente (conscientemente por supuesto) para evitar que te haga actuar como un fracasado, lo que desplomará tu confianza en ti mismo con el tiempo.

Si tú no crees que hay una manera en el infierno de que puedas ser perfecto, sólo tienes que echar un vistazo a dos de los mejores atletas y uno de los empresarios más exitosos en la historia de la humanidad: Michael Jordan, Muhammad Ali y Steve Jobs. Si no conoces a estos amigos, ¡entonces sé alienígena, amigo!

Veamos primero a Michael Jordan - la cabra del baloncesto o la mejor de todos los tiempos. Su porcentaje de tiros en su carrera -cuánto de sus tiros fueron realmente en la canasta- se considera asombroso con un 49,7%. ¿Qué te dice eso? En realidad, falla un poco más de lo que acierta. ¿Es eso la perfección? Nah! Pero echa un vistazo a la confianza y el fanfarroneo del hombre - ¡legendario!

Veamos otra CABRA, esta vez para el boxeo. Muhammad Ali no era exactamente conocido por ser un humilde boxeador como Manny Pacquiao - estaba muy seguro de sí mismo. Pero, ¿cuál es el récord de su carrera de boxeo? En sus 61 combates de carrera profesional, ganó 56 combates y perdió 5. Habiendo perdido cerca del 10% de sus combates, ¿puedes decir que es perfecto? No....pero es la CABRA del boxeo, amigo! ¡Y seguro que no es tímido ni cohibido!

Por último, echemos un vistazo a Steve Jobs. Sí, es multimillonario y prácticamente revolucionó la forma en que la gente se comunica creando y popularizando teléfonos inteligentes y tabletas. Pero, ¿saben que después de fundar Apple, lo echaron? Sí, Boi, su propia compañía lo pateó en el trasero fuera de la oficina. Pero también sabes que él era tan bueno que, finalmente, lo invitaron a volver y el resto ya saben que es historia antigua. ¿Te parece perfecto? Nah. Pero, ¿es la vida y los logros de Steve Jobs algo de lo que puedes estar orgulloso si estás en sus Nikes? ¡Claro que sí, cabrón!

Así que si la perfección no debería ser - y no puede ser - un objetivo, ¿qué debería serlo? ¿Significa que puedo ser un tonto descuidado y confiado? No, no vayas por el extremo del camino, hermano. La meta realista por la que tú debes esforzarte es la excelencia. Tener confianza significa ser excelente en algo... ¡cualquier cosa! Lo mejor es si se trata de algo relacionado con la forma en que tú y otros se verán a sí mismos como un trabajo o habilidades sociales.

Excelencia es ser muy, muy bueno en algo y no ser perfecto.

Elasticidad

Cuando digo elasticidad, no me refiero a tu habilidad para alcanzar a la chica que te gusta del otro lado de la habitación simplemente extendiendo tu mano hacia ella como el Dr. Reed Richards de los Cuatro Fantásticos. Y, por si fuera poco, tampoco me refiero a tu habilidad para hacer lo mismo con tu pene-a-doodle-doodle-doo. Significa que tu personalidad, carácter e índice de éxito en la vida no son fijos - tienes la habilidad de cambiarlos.

Una de las mentalidades más tontas - y más graciosas, si me permiten añadir - es que es el destino el que controla sus vidas y "destinos". Declaraciones como:

"Así es como Dios me hizo, así es como seré para siempre."

"Vengo de una familia pobre. Probablemente moriré en uno también."

"Una vez tímido, siempre tímido."

"Siempre he fracasado en mis mayores

esfuerzos. Creo que mi destino es ser un fracasado".

Declaraciones como estas son algunas de las mentalidades más hostiles que uno puede tener. ¿Por qué? Es porque la confianza está anclada en el éxito real o en la esperanza de futuros éxitos y este tipo de declaraciones no reconocen el éxito real - por pequeño que sea - y esperan un éxito futuro.

Si bien es cierto que hay muchas cosas que se escapan de tu control, hay muchas cosas importantes que están dentro de su círculo de influencia. Necesitas creer que tu mente, personalidad y estado actual no es permanente y que tienes el poder de cambiarlos. Una vez que lo hagas, la verdadera confianza comenzará a surgir desde adentro y hacia afuera.

La Espiral de Confianza - Logro - Confianza

Si bien es absolutamente cierto que la verdadera confianza proviene en su mayor parte de los logros reales, no tiene por qué empezar desde ahí. Si ese fuera el caso, ¿qué tal aquellos que no tienen logros significativos de los que jactarse? ¿Cómo pueden tener confianza y ganarse a las damas? ¿Están condenados a fracasar y a vivir una vida de celibato obligatorio? ¡Expreso empáticamente mi objeción a ello!

Entonces, ¿cómo debe lidiar con este enigma? Si tú eres una de esas personas realmente desafortunadas que no tienen logros en los que empezar a construir tu confianza, entonces puedes empezar a construir esa base actuando y pensando con confianza.

Nunca dije que no funcionaran.

Acabo de decir que no se puede disfrutar de una sólida y duradera confianza en uno mismo si todo lo que se tiene es actuar y pensar con confianza, sin éxitos significativos o logros escondidos bajo de la manga.

Cuando programes tu inconsciente para creer que puedes construir una sólida y duradera confianza en ti mismo incluso sin logros significativos para empezar, estarás abierto a -incluso entusiasmado- emplear los siguientes golpes rápidos de confianza en ti mismo para dar a tu confianza en ti mismo el impulso suficiente para ayudarte a empezar a coleccionar pequeñas victorias que, con el tiempo, se convertirán en victorias más grandes y significativas.

BORRAR LOS PROGRAMAS O CÓDIGOS ANTIGUOS

Ahora que conoces algunos de los programas o códigos importantes que deben ser introducidos en tu mente subconsciente, es el momento de hacer espacio en tu disco duro inconsciente para ellos. Y ahora, amigo mío, tendremos que borrar algunos de esos viejos y anticuados archivos con los efectivos de la Versión 2.0 de los que hablamos.

Hay varias maneras de hacer esto, con cada técnica variando en facilidad y costo. Veamos ahora algunas de estas formas prácticas de eliminar los viejos programas y códigos que mantienen a su León Alfa enjaulado. Empecemos a desarraigar la confianza en uno mismo, debilitando las mentes para hacer lugar a otras nuevas.

Pasa el rato con los Alphas

Hay un dicho que dice que los pájaros de las mismas plumas se juntan. ¡Quizás porque las grandes mentes piensan igual! Mientras que significa que los amigos del mismo tipo tienen la tendencia a ser atraídos unos a otros, creo que puedes usar esto en un giro diferente: pasar el tiempo con aquellos en los que quieres convertirte para ser influenciado y que te conviertan en alguien como ellos.

Cuando era niño, salía con la gente neutral, aquellos que no eran ni buenos ni malos. Éramos la gente común, hombre. Me di cuenta de que salir con gente común también me hacía, bueno, común. Eso cambió cuando salí con gente que era segura de sí misma y popular. A medida que pasaba más y más tiempo con ellos, de alguna manera me ayudó a construir mi confianza en mí misma lo suficiente como para asumir metas más grandes y lograrlas. Si no hubiera salido con ellos, mi vieja mentalidad de "media" y "falta de confianza" no se habría desarraigado.

Pasar el tiempo con un grupo Alpha también te da la ventaja de aprender de la experiencia de dos maneras. Primero, aprendes a través de las experiencias de otros machos alfa - particularmente lo que funciona y lo que no - para que no tengas que cometer el mismo error tú mismo. En segundo lugar, a medida que aprendes de ellos, puedes empezar a aplicarlos en tu vida con el beneficio de ser guiado y mentoreado por estos tipos con mucha confianza en sí mismo. A medida que continúe aprendiendo de la experiencia, podas borrar tus códigos y programas antiguos y desactualizados para dar cabida a los más nuevos y actualizados.

Pregúntate a ti mismo

Otra forma de borrar programas y códigos antiguos es desafiándolos. Como la mayoría de los dictadores y autoritarios, su capacidad para permanecer en el poder y controlar vidas dependía en gran medida de la ruptura de la voluntad de sus electores o esclavos. Su caída comenzó y se hizo realidad cuando más y más gente desafió el estatus quo.

Es lo mismo con sus viejos pensamientos o programas/códigos. Tú les quitas el dinero mientras los desafía, haciéndoles preguntas que pondrán en duda su validez y relevancia en su vida. En realidad, probablemente ya lo estás haciendo cuando cuestionas tu capacidad para tener confianza. ¿Por qué no hacerlo al revés?

Quiero que te imagines una escena de tu película o serie de televisión favorita sobre leyes como El cliente o La ley y el orden. ¿Cómo establecen los abogados defensores - los que defienden a los criminales acusados - la inocencia de sus clientes? Estableciendo una duda razonable sobre la validez de las pruebas presentadas. ¿Y cómo lo hacen? Haciendo preguntas.

Tú puedes hacer lo mismo con tus códigos de autoconfianza anticuados e impotentes. Usemos el ejemplo de la percepción distorsionada de que la confianza se trata de ser insensible. Pregúntate a ti mismo:

¿Por qué equiparar la confianza en uno mismo con la insensibilidad hacia los demás? Pregunte cada respuesta hasta que vea por qué la creencia de que tener confianza en sí mismo te convertirá en una persona insensible que probablemente ahuyentará a las mujeres en lugar de atraerlas. Algunas de las preguntas que te puedes hacer con respecto a tus códigos y programas antiguos y obsoletos (mentalidades equivocadas) son:

"¿Cuánto de esto es verdad? ¿Es cierto en absoluto? ¿Por qué muchos de los machos alfa más seguros de sí mismos que son muy buenos con las mujeres que conozco como James Bond no son insensibles o groseros con los demás?".

"¿Es esta creencia beneficiosa para mí o no? ¿Será beneficioso para mí abandonar esta creencia o simplemente me perjudicará? ¿Podré ser tan bueno con las damas como James Bond si sigo aferrándome a esta creencia?"

No alimentes a la bestia

Una de las mejores maneras de vencer con éxito a un adversario formidable es dejarlo morir de hambre. Claro, puede tomar más tiempo que simplemente dar un golpe rápido en la cabeza, pero es muy efectivo. Nadie ha vivido sin comer, ¿verdad? Contrasta con boxeadores y luchadores de artes marciales mixtas, la mayoría de los cuales todavía están por ahí para luchar después de haber sido golpeados en la cabeza con muchos golpes rápidos en la cabeza. Tus viejos programas o códigos, también conocidos como pensamientos, son como los luchadores: a menudo, los golpes rápidos en la cabeza no son suficientes para mutilarlos o matarlos, pero privarlos del alimento el tiempo suficiente seguramente los llevará a la muerte.

Para entender cómo puede matar de hambre a sus viejas mentalidades, primero necesita entender cómo las está alimentando. Una de las formas más comunes pero inconscientes de hacerlo es meditando en ello - y con eso no me refiero a usar medias y retorcer tu cuerpo de muchas maneras diferentes que no son ni mucho menos sexy mientras cantas cosas como "ohm" o "shuhmmm". Meditación significa simplemente pensar en algo una y otra vez, como cuando fantaseas con todas las grandes posiciones sexuales que harás con Scarlett Johansson o Megan Fox mientras romantizas tu mano. Sí, amigo, a eso me refiero.

Pero en serio, si piensas constantemente en lo difícil que sería para ti emplear con éxito y de manera consistente un lenguaje corporal de alto nivel y acostarte con mujeres, esa es tu meditación. ¡Y de esa manera, alimentas a la bestia!

Entonces, ¿cómo lo matas de hambre? Simple - ¡deja de pensar en ello! Cada vez que se te ocurra, simplemente reconócelo y luego déjalo ir. Rehúsa hacer más que reconocer, lo cual tendrás que hacer porque si lo niegas, no podrás matarlo. Déjelo ir pensando en sus nuevos programas o códigos de confianza en sí mismo.

Recuerda, mientras más matas de hambre a tu bestia mental, más la debilitas hasta que muere.

Lo que te resistes, persiste. Lo que aceptas, se va.

Reprogramación de tu mente para la confianza de tipo rudo

"Tu mente es un jardín. Tus pensamientos son las semillas. Puedes cultivar flores o hierbas". - RituGhatourey

Ahora que has eliminado tus programas o códigos anticuados y dañinos de confianza en ti mismo, es el momento de instalar programas actualizados y apropiados. Entonces, ¿cómo lo haces? Esto es de lo que trata este capítulo, amigo.

Uno de los mejores tenistas de todos los tiempos dijo: "Úsalo o piérdelo". Puede que Jimmy Connors no lo supiera, pero lo que dijo no se limitaba a las habilidades de juego de tenis, sino que se puede aplicar a prácticamente cualquier habilidad o competencia.

Cuando se trata de tus pensamientos, puedes pensar que es como una habilidad o un músculo. Utilizando la analogía de los músculos, las víctimas de un accidente cerebrovascular, en particular las que sufren de accidentes cerebrovasculares masivos, suelen perder la capacidad de mover o utilizar determinados músculos, ya sea de forma temporal o permanente. La pérdida temporal del uso de los músculos a menudo se debe a que no se pueden usar durante un período de tiempo prolongado. ¿Y por qué la falta de uso es perjudicial para ellos? Es porque hace que los músculos se contraigan, también conocida como atrofia. Cuando los músculos se atrofian, no sólo se reduce la masa muscular. La capacidad de usarlos y su fuerza también se ven reducidas.

Tu mente es la misma. Si no se usa con frecuencia o con tanta fuerza, se atrofia. Su agilidad mental y su capacidad para controlar tus pensamientos y moldear tus actitudes disminuyen, haciéndolo más susceptible a ser afectado por factores externos. En otras palabras, te vuelves cada vez más impotente para influir en tu vida, incluyendo tu capacidad de tener verdadera confianza en ti mismo.

Las afirmaciones positivas o la auto-comunicación positiva, como se conoce popularmente, es una de las mejores maneras de ejercitar los músculos de la mente para aumentar la confianza en uno mismo. Es una de las mejores maneras de reprogramar tu mente subconsciente para que adquiera un nuevo y mucho mejor objetivo: un tú verdaderamente seguro de ti mismo. ¡Pues úsalo o piérdelo, hermano!

¿Cómo se ve el uso de las afirmaciones positivas en la vida real y práctica? El primer paso es tomar un pedazo de papel, preferiblemente de tamaño A4, y doblarlo en 2 a lo largo. Escribe todas las ideas equivocadas que tengas sobre ser un tipo verdaderamente seguro de ti mismo en el lado izquierdo y, a medida que lo hagas, no te limites a lo que escribí antes - siéntete libre de añadir más de lo que sientas que te impiden llegar a ser verdaderamente seguro de ti mismo.

Cuando hayas terminado, escribe todas las nuevas ideas o los programas o códigos de confianza en ti mismo actualizados con los que quieras reemplazar los incorrectos y obsoletos en el lado correcto. Cuando termines, rompe el papel por la mitad a lo largo del pliegue y destruye el lado que contiene los programas y las mentalidades equivocadas y anticuadas de confianza en ti mismo. Haga tantas copias como pueda de la lista restante y colóquelas en todas las habitaciones o áreas de su casa para que pueda leerlas en voz alta con la frecuencia y la cantidad de veces que quiera: háblate a ti mismo. Puede que no parezca mucho en términos de ayudarte a conseguir chicas, pero créeme, te ayudará mucho al ayudarte a sentirte realmente seguro de ti mismo. Cuando te sientas seguro, tu lenguaje corporal de alto nivel se verá más natural y suave.

¿Qué pasa si ya has llegado al punto en el que ya has instalado tus programas o códigos actualizados y útiles en tu mente subconsciente? ¿Significa que debes dejar de hablar con confianza? Me opongo empáticamente a un pensamiento tan horrible, amigo. ¿Por qué? Es porque es mejor errar por el lado de la precaución. Al continuar haciéndolo, continúas fortaleciendo las nuevas mentalidades que ya tienes y minimizando el riesgo de que cualquier influencia o programa externo no deseado se filtre sutilmente a tú ya confiada mente subconsciente. Recuerde, los motines exitosos empiezan sutilmente y en pequeño. No dejes espacio para que el enemigo recupere tu mente, amigo mío.

PASANDO EL RATO CON LOS ALFAS

¡Sorpresa, sorpresa! Esta vuelve a aparecer. Como he mencionado antes indirectamente sobre la eliminación de programas y códigos de autoconfianza obsoletos (mentalidad), pasar tiempo con el tipo de personas que quieres ser - machos alfa seguros - también te ayuda a instalar programas y códigos de autoconfianza actualizados y apropiados sin esfuerzo.

Es como tratar de broncearse. No tienes que esforzarte mucho, simplemente te expones al sol. En este caso, te expones a la increíble y exudativa confianza en ti mismo de los machos alfa.

Hay un dicho que dice que se atrapa más de lo que se enseña. Significa que aprendes más observando e intentando que estudiando. Al salir con machos alfa, eventualmente atraparás su confianza sin esfuerzo y serás capaz de exhibir un lenguaje corporal de alto nivel de forma natural y sin esfuerzo ¡para conseguir todas las chicas que quieras, hombre! Puedo repetirlo una y otra vez, porque este factor es realmente primordial para tu éxito futuro con las mujeres y la vida.

SÓLO HAZLO

¿Recuerdas lo que hablé antes sobre la

Espiral de Confianza - Logro - Confianza? Practicar o vivir tus nuevos programas o pensamientos es una de las mejores maneras de clavarlos en tu mente subconsciente. Recuerdo la primera vez que apliqué una técnica para obtener los números de teléfono de las mujeres. Inconscientemente, aún no lo creía. Sólo usé mi mente consciente para intentarlo lo mejor posible. Mi primera vez en aplicar esa técnica fue un éxito. Conseguí el número de la chica, ¡lo que para mí fue una gran victoria parecida a ganar la Primera y la Segunda Guerra Mundial! Esa experiencia ayudó a convencer a mi mente subconsciente de que es un programa que vale la pena instalar en mi disco duro mental. Simplemente actuando con confianza a través de la aplicación de lo que aprendí, fui capaz de lograr pequeños éxitos que me ayudaron a construir mi confianza en mí mismo que me permitió tomar acciones más grandes y audaces que eventualmente me llevaron a muchas experiencias sexuales inolvidables, ¡hermano!

Ahora que hemos sentado las bases para su lenguaje corporal de alto nivel, ¡que empiecen el juego!

Los 10 principios del lenguaje corporal de alto nivel

Ahora les mostraré diferentes posiciones y principios del lenguaje corporal de alto nivel. En primer lugar, entiende que, como hombre de alto rango, tú siempre te sentirá cómodo, dondequiera que vayas. Ese no es un comportamiento egoísta, ya que le dará a todos los demás a tu alrededor el permiso de relajarse, sentirse bien y sentirse cómodos a su vez.

#Principio 1: ocupar más espacio.
Las personas de bajo estatus tienden a hacerse pequeñas, invisibles, sentadas o de pie de una manera incómoda. No están enviando su energía al mundo, porque no se ven a sí mismos como personas de alto estatus: en su mente no valen la pena.
Están encerrados en sí mismos; se

esconden del mundo exterior.

Tú, por otro lado, pensarás que tu energía es tan valiosa que, por supuesto, estás dispuesto a compartirla con el mundo, así que te vas a abrir y vas a ocupar más espacio.

Abre las piernas y los brazos: ¡siéntete cómodo!

Puedes preguntarte, ¿por qué es así? Es porque la gente tímida e insegura está más preocupada por lo que dirá la gente. Tienen demasiado miedo de "ofender" a la gente o de recibir comentarios realmente malos sobre ellos, como si fueran insensibles, arrogantes o con chutzpahtic.

Y si usted estaba prestando atención, recordará que estos son los tres conceptos erróneos más comunes acerca de la confianza que hacen que la mayoría de los hombres rechacen incluso la idea de llegar a tener confianza en sí mismos. Se trata de una enfermedad potente llamada "complace personas".

Mucha gente cree que no está bien ocupar más que el espacio personal habitual. Tome nota, es un término relativo y no una cuestión moral absoluta. Así que ocupa todo el espacio que quieras. Sólo no exagere y cruce de ser un semental alfa sensual y atractivo a un hijo de puta odioso. Hay una gran diferencia.

De pie sobre una mesa con las palmas de las manos planas sobre la mesa y los brazos anchos, inclinándose un poco hacia adelante es una pose de gran poder. Sentarse de espaldas y abrir los brazos, doblar las manos detrás de la cabeza es otra de ellas. Sentarse con las piernas y los brazos abiertos es otra cosa tranquila. Estar de pie con las piernas ligeramente más anchas que las caderas y las manos sobre las caderas con los brazos a los lados es lo que se conoce como la postura de poder de "superhombre".

Estas poses amplias, abiertas y seguras han demostrado que estimulan la producción de testosterona tanto en hombres como en mujeres. La testosterona ayuda a reducir el cortisol y a aumentar la producción de serotonina - la "hormona feliz". También aumenta la confianza.

Los experimentos se han hecho haciendo

que la gente practique estas posturas de poder durante dos minutos antes de tomar entrevistas de trabajo simuladas que no sabían que estaban siendo puestas en escena. A otro grupo se le pidió que mantuviera una postura cerrada e insegura durante dos minutos antes de la entrevista.

A partir de los resultados de las entrevistas, se observó que las personas que ocupaban poses inseguras no eran candidatos menos calificados para el puesto, pero se señaló que eran candidatos menos atractivos debido a su manera tranquila o retraída.

Las personas que habían mantenido posturas de poder dos minutos antes de la entrevista fueron señaladas como atractivas, seguras, con las que era un placer hablar, así como lo suficientemente interesantes y atractivas como para ser invitadas a una segunda entrevista o para que les ofrecieran un trabajo.

Así que cuando se trata de averiguar cómo estás acostumbrado a actuar, usa la conciencia corporal que has desarrollado y simplemente pregúntate a ti mismo: "¿Estoy cerrado o abierto ahora mismo?"

Tú sabrás la respuesta: actúa y abre la posición de tu cuerpo.

Principio #2: mostrar la entrepierna.

Hombres dominantes que atraen, seducen y se coge a muchas chicas, no tienen ningún problema en mostrar su sexualidad al mundo.

Por lo tanto, no tengas miedo de llamar la atención sobre la región de la entrepierna de tu cuerpo mientras estas sentado. Abra las piernas, tal vez ponga una mano en esa región para llamar la atención subconscientemente; mostrar un buen cinturón también puede ayudarle.

¿No estás orgulloso de lo que eres?

¿No estás orgulloso de tu cuerpo y de tu increíble energía y atractivo deseo sexual?

Muestra siempre tu orgullo: sé un HOMBRE, siéntete orgulloso de tu sexualidad.

Este es George Clooney. Como pueden ver, ¡él sabe claramente cómo mostrar su entrepierna!

No te hagas una idea equivocada. Hay una diferencia entre provocar y ser Hervert el pervertido.

Las provocaciones son confidentemente sexys. Hervert el pervertido no lo es. Para empezar, no hagas esto y no uses pantalones muy ajustados que abulten tu hombría. Eso es más un síntoma de un maníaco sexual exhibicionista que de un George Clooney suave y confiado. ¿Notan que no está mostrando su bulto porque lleva pantalones cómodos?

Otra cosa que no deberías hacer para

parecerte más a Hervert que a George es obviamente no apuntar a tu pene y, lo que es peor, mirarla con una sonrisa y una sonrisa diabólica. De nuevo, parecerás más un acosador que nada.

Y, por supuesto, no es necesario tener la longitud y el grosor de Jack Napier o Mandingo para exponer con seguridad la región de la entrepierna. Recuerda, ¡confianza en ti mismo! Un pene grande no hará mucho con una confianza minúscula.

Pregúntale a Napoleón Bonaparte.

#Principio 3: frenar los movimientos.

¡Muévete más despacio!

Las personas de bajo estatus se mueven rápidamente e inquietas, no se sienten cómodas, no creen en sí mismas.

A partir de ahora, cortarás tus movimientos a la mitad.

Cuando camines, cuando gire la cabeza, cuando mueva el cuerpo, hazlo más despacio, en la mitad del tiempo que lo hace ahora mismo.

¿Por qué necesitas tomártelo con calma? Una gran parte de tener confianza es saber que estás haciendo las cosas a tu manera: a tu tiempo, a tu manera y a tu gusto.

Entonces, ¿cómo haces las cosas normalmente cuando sabes que no estás presionado por los plazos o que tienes todo el tiempo del mundo? Así es, no tienes prisa. Tómate tu tiempo. Relajado.

Cuando no tienes el control, adivina qué - ¡alguien o algo más lo tiene!

Cuando eso sucede, no se toman las decisiones y, a menudo, se apresuran las cosas porque se baila al ritmo de la música de otras personas. Casi siempre no tienes tanto tiempo como te gustaría para terminar tu tarea o responsabilidad. Y cuando no tienes mucho control sobre tu vida, tu confianza se desploma. Y moverse muy rápido todo el tiempo da la sensación de que no tienes el control. Y eso no es seguro ni sensual.

Otra razón por la que los machos alfa se mueven más lentamente que los hombres Alfas es porque son muy competentes, en la cama o de otro modo. Al tomarse su tiempo, muestran a las mujeres que tienen la capacidad de hacer las cosas bien y a tiempo - de nuevo, un problema de control.

La primera razón para moverse lentamente es mostrar autoridad sobre uno mismo y la otra sobre los demás, ya sean personas o circunstancias, como se manifiesta en los resultados.

Además, moverse más despacio y hablar más despacio intencionalmente te da más tiempo para pensar en tus acciones y palabras exactas para lo que quieres decir. Cuanto más preciso y conciso puedas ser con tus acciones y palabras, más firme te mostraras ante los demás. También te sentirás más seguro contigo mismo y cuáles son tus propios deseos y creencias.

Moverse y hablar más despacio también te ayuda a llegar al fondo de tus verdaderos deseos para que puedas traerlos al mundo y compartirlos con otros.

Como dice el refrán: "Piensa rápido y habla despacio".

¡Así que tómatelo con calma, cabrón!

#Principio 4: no reaccionar.

No reacciones a algo fuera de tu realidad. Cuando estés hablando con una chica y escuches una sirena o un ruido, no gires la cabeza. Concéntrate en ella y ella sentirá tu poder masculino y dominante. Ella no mirará la fuente del ruido y se quedará en el momento, siguiendo su comportamiento de alto nivel.

A menudo,el reaccionar en una situación puede llevar a más problemas o complicaciones.

Por otro lado, ser receptivo significa que permaneces firme en tu sentido central de convicción para ti y tu confianza. Puedes sentir emociones desencadenadas dentro de ti debido a alguna situación, pero les permites pasar a través de ti o canalizarlas de alguna otra manera en vez de dejarte llevar por ellas en pensamiento, reacción verbal o física.

Cuando respondes, te tomas tu tiempo

para responder a una situación o estímulo con atención y de manera apropiada. Desarrollas la capacidad de manejar situaciones con facilidad, dominio y sentido del humor.

Además, se consciente de tus movimientos nerviosos y corrígelos: tal vez mientras hablas con ella, también estás tocando tus manos, o estás moviendo tus pies como una señal de ansiedad.

Deja de hacer eso. Estate quieto y relajado.

Con el debido respeto a las mujeres, ser una persona muy impulsiva es tan femenino. No hay nada más que grite " hombre afeminado " que ser reactivo. Entonces, ¿por qué ser reactivo le grita a una mujer que eres más femenina que ella?

Me gustaría que pensaras en un momento en que la mayoría de las cosas, si no todo en tu vida iba según lo planeado. ¿Cómo te sentiste? Probablemente te sentiste genial, estable, tranquilo o en paz. En resumen, te sientes muy seguro. Cuando una o dos bolas curvas se cruzan en tu camino, eres demasiado tranquilo para reaccionar de forma inapropiada. Reaccionas de una manera calmada y tranquila porque sabes que, en el gran esquema de las cosas, tienes el control de tu vida y uno o dos contratiempos no cambiarán ese hecho.

Ahora piensa en un momento en el que la mayoría de las cosas, si no todo en tu vida no estaba saliendo como tú quieres. ¿Cómo te sentiste? Entre otras muchas cosas, apuesto a que sentiste que no tenías control sobre tu vida y tu situación, lo que también te ponía nervioso.

El reaccionar rápidamente a las cosas y a las personas envía la sutil señal a la mujer de que estás muy nervioso. Estar muy nervioso significa que usted siente que generalmente tiene poco o ningún control sobre su vida, y mucho menos sobre la situación en la que te encuentras. Y ese mismo sentimiento se transmitirá con fuerza a todas y cada una de las mujeres con las que planees anotar, lo que, por supuesto, las apagará y te dejará tan célibe como el Papa.

Trate de no reaccionar con rapidez. Si aún no estás tan seguro de ti mismo, no te preocupes. Puedes controlar tus impulsos y si lo haces durante mucho tiempo y con suficiente frecuencia, serás capaz de reprogramar tu mente subconsciente, que realmente eres seguro de ti mismo y no reaccionas sin pensar, lo que te permitirá actuar de esa manera de forma inconsciente y natural todo el tiempo.

Principio #5: inclinarse hacia atrás.

Aprenda a recostarse la mayor parte del tiempo.

Recuerde que inclinarse hacia adentro es un comportamiento de estado realmente bajo. Aprenda a hacer que las personas, especialmente las chicas, sientan un impulso subconsciente de inclinarse hacia ti, simplemente inclinándose hacia atrás.

Este pequeño truco cambiará toda la dinámica de tus conversaciones, dándote el poder de un tipo duro.

Esto también significa que cuando estes

caminando o simplemente de pie, tendrás tus hombros arriba y atrás y tu barbilla arriba. Sólo una postura masculina y saludable.

Miren esta imagen: ¿quién es percibido como la persona de mayor estatus aquí?

Berlusconi está relajado, se inclina hacia atrás y cruza las piernas.

Obama se inclina hacia adelante, con las manos cerradas y las piernas cerradas.

La respuesta es clara, ¿verdad? Esta vez, el italiano gana.

Piénsalo de esta manera, inclinarse hacia adelante o hacia atrás comunica dos sentimientos opuestos. Inclinarse hacia adelante es una señal de interés, tal vez demasiado.

Cuando estás demasiado interesado en los demás, envía la señal de que no te encuentras lo suficientemente interesante, que estás siguiendo en lugar de guiando, o como en esta foto, accedes a que la otra persona es superior a ti.

Recostarse hacia atrás envía diferentes mensajes a una mujer y a otras personas acerca de cómo te sientes acerca de ti mismo y de los demás. Una es que, por supuesto, estás seguro de ti mismo. ¿Por qué? Es porque inclinarse hacia atrás significa que estás relajado y créeme, sólo la gente que está realmente relajada puede permitirse inclinarse hacia atrás y mantener esa posición el tiempo suficiente.

Aquellos que no están seguros encontrarán que esta es una posición muy incómoda y después de un minuto o dos, volverán a su original y consistente postura omega masculina de bajo estatus.

En segundo lugar, recostarse envía el mensaje de que no estás tan interesado en la chica sexy con la que estás o que estás mirando. Lo creas o no, esto puede suponer un gran reto para las mujeres ardientes que están acostumbradas a ser perseguidas, acosadas y servidas por hombres omega.

Están acostumbrados a "controlar" a los hombres que cuando descubren que no estás tan interesado y que no estás dispuesto a interactuar en sus términos de dominación, sentirán en lo más profundo de su ser que no eres un hombre ordinario - ¡eres alfa! Y cuando eso suceda, ¡considérela dejando la puerta principal de tus pantalones abierta para ti!

Por último, recostarse le dice al mundo que usted sinceramente cree que es digno de ser seguido - que ellos deben seguirlo. Eso dice mucho sobre su nivel de confianza y su capacidad para controlarse a sí mismo y a su situación.

Así que recuéstate, relájate y disfruta.

Si estás hablando con una chica en un club ruidoso (o en cualquier lugar ruidoso), entonces muévete lentamente, inclínate, susurra tus palabras al oído y luego vuelve a inclinarte hacia atrás. Esto hará que ella venga a ti susurrándote al oído: así es como los hombres de alto estatus se comunican en lugares ruidosos, sin inclinarse hacia ellos como un tipo de bajo estatus.

#6 principio: apoyarse en las cosas siempre que se pueda.

¿Has visto alguna vez una foto de James Dean?

Cuando esté hablando junto a una pared, apóyese en ella. Al igual que James Dean, siempre recordando que mostrar la región de la entrepierna es importante.

Además, tener una pared detrás de ti y

una habitación frente a ti es una posición de alto estatus. Usted tiene el control de la situación frente a usted y, subconscientemente, será reconocido como el líder de su grupo.

Recostarse contra una pared también envía el mensaje de que estás relajado, calmado y tranquilo. Esto implica además que las cosas van de acuerdo a tus planes y que estás en control de ti mismo y de tus situaciones. Y ya sabes lo que eso significa, amigo. Si no lo haces, entonces aquí está: le dices sutilmente a una mujer que tienes tanto control que no puede darte órdenes y que tendrá que jugar con tus propias reglas.

Eso debería hacerte destacar en su mente que no eres un mortal ordinario, sino que eres diferente de todos los demás machos omega débiles que la rodean y que compiten por su atención. Y eso también debería abrir la puerta principal de sus pantalones más tarde.

Principio #7: contacto visual fuerte.

Un hombre de alto estatus hará un contacto visual fuerte y poderoso cuando le habla a una chica, pero hará menos contacto visual cuando ella le habla a él.

Esto hará que ella trabaje más duro para llamar su atención y ganarse su aprobación.

Eso se llama la regla 90/60. Si quieres saber más sobre esta poderosa técnica de atracción, consulta mi otro libro "EyeContact Training".

Puede encontrarla aquí: http://amzn.to/1MtxaiN

Ese simple truco comunicará subconscientemente un estado más alto en sólo unos segundos. Pero, ¿cómo es eso?

Se ha dicho que sólo hay dos tipos de personas que no pueden mirar a los ojos a los demás: una que esconde una mentira y otra que esconde amor o atracción.

Aunque la última parece más "adorable", no es sexy. De hecho, ambos no son sexys porque esconder algo significa miedo y falta de confianza. Y eso, mi querido amigo, no es nada sexy.

¿Recuerdas cuando eras un niño e hiciste algo que sabes que definitivamente molestará a tus padres? Cuando intentabas ocultarlo, ¿podías hablar con ellos normalmente mirándolos a los ojos? Apuesto a que tu respuesta es "no". ¿Ahora ves cómo el contacto visual comunica un alto estatus - o la falta de él - en tan poco tiempo?

Así que hazte un favor y la próxima vez que hables con gente, especialmente con mujeres atractivas, establece un fuerte contacto visual: ¡diles quién tiene el control de la situación!

Principio #8: no finjas las risas.

Imagínate un grupo de empleados sentados en una mesa con su jefe. Él hace una mala broma, pero como todo el mundo allí lo reconoce como la persona de mayor estatus, ellos sentirán que TIENEN que reírse.

Ten en cuenta que debes reírte cuando

salgas con gente y amigos, ¡por supuesto!

La regla general que te estoy dando aquí es la siguiente: si realmente piensas que algo es divertido, entonces ríete, pero si algo no es divertido, NO finjas reírte.

Fingir tu risa no es algo difícil de entendercomo, por ejemplo, una ecuación de cálculo cuadrática o estocástica. Por el contrario, es tan fácil saber si Jennifer López lleva o no bragas debajo de los vestidos que usa en las noches de los grandes premios del mundo del espectáculo. ¡Sí, hombre, es así de fácil!

Pero lo que importa aquí no es la facilidad con la que la gente puede saber si estás fingiendo una risa o no, sino lo que dice sobre ti. Fingir tu risa es uno de los mayores letreros de "Soy un placer certificado, licenciado y fletado" que puedes poner en tu frente.

Simplemente muestra que estás tan ansioso por complacer o evitar ofender a la gente que estás dispuesto a no ser tú mismo - es como si el verdadero tú no fuera admirable o aceptable. Una vez que las mujeres se den cuenta de eso, ¡es hora de saludar a un voto de celibato!

A partir de ahora, destierra de tu vida todas tus sonrisas y risas falsas.

Elimínalas por completo.

Principio #9: Amplia animación de la presentación.

¡Mueve las manos! No tenga miedo de usar sus brazos y expresiones faciales para emocionar y expresar sus sentimientos mientras habla.

Siéntete cómodo compartiendo todas tus emociones con el mundo.

Mantén todo suave y controlado, no te hagas demasiado grande ni se esfuerce mucho.

Sólo la primera se considera de alto nivel.

¿Por qué es un gesto de alto nivel? ¿Por qué, oh por qué Delilah?

Considera la última vez que estuviste tan metido en algo o alguien. ¿Cómo te sentiste en ese momento? Apuesto a que te sentiste positivamente fuerte por ello o por esa persona. Su emoción o aprecio por esa cosa o persona fue probablemente muy obvio para sus amigos o familiares que sin duda sabían que estaba diciendo la verdad. Sentían tu pasión por lo que decías.

Las mujeres, e incluso los hombres, encuentran en la pasión una cualidad o característica personal muy sexy y atractiva. ¿Por qué? Porque ser apasionado por algo o alguien demuestra que no te importa lo que la gente piense de ti. A la gente que es apasionada por la música no le importa si la gente piensa que es pobre - les encanta la música y siempre y cuando no pisen los dedos de los pies de otras personas, ¡se mantienen firmes en sus convicciones!

¿Y qué es lo que comunica esa falta de cuidado por lo que otros piensan? Así es, cabrón. ¡Confianza! La pasión equivale a una fuerte confianza en lo que estás haciendo y en quién eres como persona. Y esa confianza es tan sexy de alto nivel.

Principio #10: mantener la tensión.

Estar de acuerdo con parpadear menos. Perforar el alma de una chica con sólo mirarla a los ojos.

Un contacto visual fuerte crea tensión. Cuando hay tensión en una situación, la persona que se siente más cómoda con esa tensión es SIEMPRE la de mayor estatus.

La tensión, en la cantidad y del tipo correcto, es un movimiento de alto nivel para atraer a las mujeres y meterse en sus pantalones porque genera mucha emoción. ¿Pero por qué la excitación es tan importante si quieres seducirla para que se quite los calzones por ti?

Considere el hecho de que las mujeres hermosas y atractivas están tan acostumbradas a ser las jefas. Los hombres la rodean como la polilla a una llama y como la mayoría de los hombres no tienen ni idea de cómo funciona la atracción en las mujeres, tienden a ganársela colmándola de regalos, afecto, favores y cosas por el estilo. En otras palabras, la mayoría de los hombres tratan de ganársela consintiéndola - concederle todos sus deseos y caprichos, siempre que sea posible.

Pero hay un gran problema con eso - tener demasiado de algo bueno y demasiado fácil todo el tiempo a menudo lleva al aburrimiento o peor aún, al desprecio. Aburrimiento porque eres muy predecible y desprecio porque le estás agregando aburrimiento e irritación con todos los demás hombres. Al tratar de complacerla todo el tiempo, no te apartas de todos los otros maricas omegas que la han estado rodeando y acosando desde tiempos inmemoriales.

Sin embargo, crear el tipo y la cantidad correcta de tensión lo distinguirá de dos maneras.

Primero, eres diferente. Lo haces bastante incómodo para ella, que es una sensación que probablemente no ha sentido en mucho tiempo.

Segundo, la haces adivinar lo que viene después. La tensión se debe a menudo a la incertidumbre sobre lo que sucederá a continuación. Al ser diferente e impredecible, creas excitación en ella. Y la emoción triunfa sobre el aburrimiento en cualquier momento y lugar.

La excitación la vigoriza, especialmente si no lo ha sentido por un hombre en mucho tiempo. Ella dice: "Su mirada es muy incómoda. ¿Se siente atraído por mí o es así? La mayoría de los hombres no me miran de esa manera, así que debe ser que se siente atraído por mí. Pero también puede ser que sea así con todas las mujeres con las que habla. ¿Cuál es el problema? Maldita sea... no sé qué hacer con esto... ¡me excita!"

Y es por eso, mi querido amigo, que crear tensión es una técnica de tan alto nivel que deberías incluir en tu arsenal de lenguaje corporal de alto nivel.

Por eso dediqué un libro entero a dominar el contacto visual.

Una vez más, como te dije antes, si quieres saber más sobre el tema, lo puedes

encontrar aquí: http://amzn.to/1MtxaiN

Siéntete cómodo con esa tensión y parpadea con menos frecuencia. Mantenga la tensión tanto con los ojos como con el cuerpo: recuerde moverse lentamente, no apresure sus movimientos.
Así que, hagamos un resumen rápido ahora.
Mira esta imagen y comprueba la presencia de los principios en estas dos pantallas de lenguaje corporal diferentes.

¡Oye! No tengo intereses políticos aquí.
Sólo quiero que seas un maestro del

lenguaje corporal por el resto de tu vida.

Entonces, ¿quién en este cuadro es percibido como el individuo de mayor estatus, en tu opinión?

Como pueden ver, la respuesta es Vladimir Putin.

Mira sus pies: están enraizados, son fuertes y dominantes. Muestra con orgullo la entrepierna, las piernas abiertas y los hombros hacia atrás, anchos y relajados.

Por otro lado, mire a Obama.

Sus pies no están conectados a tierra, están retrocediendo y son débiles, porque están parados de puntillas. Sus piernas no están tan abiertas, está escondiendo su entrepierna. Sus hombros no están relajados ni anchos: están cerrados y él se inclina hacia adelante. ¡Incluso está escondiendo sus labios!

En una sola imagen, puedes encontrar los resultados de la aplicación de tantos principios y rasgos.

Míralo una vez más y guárdalo en tu subconsciente: ¡será útil para cada interacción social!

Consejos y trucos para un lenguaje corporal dominante

Hay algunos pequeños trucos que puedes implementar en tu comportamiento diario que te harán más poderosa en tus conversaciones, especialmente con las chicas.

Truco #1: siempre deje la conversación en primer lugar.

Cuando estés hablando con una chica, no esperes a que abandone la conversación: la primera persona que la abandona es generalmente percibida como la de mayor estatus. ¿Por qué es así, cabrón?

La manera generalmente cortés, también conocida como gente agradable de terminar una conversación es esperar a que otros la terminen por ti, por ejemplo, la otra persona la termina primero o circunstancias como un incendio o un terremoto la interrumpen lo suficiente como para terminarla.

No hay nada de malo en ser educado o en

ser un placer para el pueblo en sí. Pero si estás tratando de seducir y atraer a las mujeres del lugar, todo está mal con ambas.

Las mujeres se sienten atraídas - atraídas por los hombres que se controlan a sí mismos, sus situaciones y las propias mujeres. Al tratar de complacer a la gente, demuestras que no tienes el control y que no estás seguro de ti mismo de que necesitas la aprobación de los demás. Y al esperar a que la otra parte termine la conversación cada vez para que la gente no se ofenda, es una manera sutil de decirles a las mujeres que no estás segura de ti misma y que no tienes el control, incluso de algo tan insignificante como una conversación.

Es por eso que terminar las conversaciones primero es de tan alto nivel, cabrón. Le dices sutil pero efectivamente a la otra persona - y a esa mujer a la que te has estado queriendo coger - quién tiene el control. Y eso no es otra cosa que tú, porque vas por tu camino, ¡estás en una misión!

Te sugiero que veas al menos el primer episodio de la primera temporada de Suits, el programa de televisión. Mira lo no-reactivo, dominante y agresivo que es Harvey Specter. Observa atentamente cómo siempre termina las conversaciones primero, dejando a su interlocutor, que por supuesto está encantado y ni siquiera puede responder a un nivel tan alto de agresividad.

Hay otra manera sencilla de parecer dispuesto a irse: si quieres darle la SENSACIÓN de que puedes irte en todo momento, entonces puedes usar el truco del pie.

La dirección en la que sus pies están apuntando indica dónde está su interés.

Por lo tanto, si ambos apuntan directamente a la chica con la que estás hablando, es una clara señal de interés en mantener la conversación.

Con el fin de hacer que trabaje más duro para que le prestes atención, trata de girar un pie hacia afuera.

Es tan subconsciente, pero ella te percibirá como más valioso y comenzará a luchar por tu atención.

Inténtalo y agradécemelo más tarde, cabrón.

Truco #2: Manera de sentarse de alto nivel.

Si desea una posición sentada poderosa, pruebe lo siguiente: piernas cruzadas, entrepierna hacia afuera, brazos ocupando espacio en el respaldo de su asiento.

Otra forma son las piernas abiertas, la entrepierna a la vista, llamando la atención sobre esa región, y los brazos ocupando espacio.

El principio clave es: *donde quiera que vayas, primero te pones cómodo y ocupas tu espacio personal.*

Si no hay lugares cómodos en su habitación, siéntase lo más cómodo posible en esa situación y luego, cuando tenga la oportunidad, tome su espacio inmediatamente. ¡No lo dudes!

En caso de que no estuvieras prestando atención antes, amigos, ocupar más espacio es una forma de enviar sutilmente el mensaje a todo el mundo de que estás seguro, en control y a cargo. Este es el principio que subyace a una posición de asiento de alto nivel. La posición, las posturas y los gestos que mencioné tienen que ver con el envío de ese mensaje a través del espacio personal.

Reclamar el espacio es una forma de demostrar superioridad y supremacía, pero no seas un matón como China, que ocupa el espacio a pesar de las legítimas protestas diplomáticas de muchas naciones más débiles. Recuerda, la verdadera superioridad y supremacía no es lo mismo que intimidar a la gente. Tenlo en cuenta.

Y asegúrate de que la silla en la que estás sentado sea lo suficientemente resistente o estable como para soportar tu peso mientras realizas este truco. Si se rompe y tus mejillas -las de los traseros- besan el suelo, ahí va tu aura de confianza, superioridad y supremacía. Damas y caballeros, el estatus alto acaba de salir del edificio, ¡con prisa!

#Truco número 3: Muestra confianza con los pulgares.

Todo gran líder sabe que tus pulgares son los más seguros de tus dedos.

Manos en los bolsillos, concéntrate en el pulgar: puedes elegir entre sacar el pulgar y meter los dedos, o meter el pulgar y sacar los dedos. Ambos son puestos de alto nivel.

NUNCA ponga las manos completamente en los bolsillos: esa es la posición de estado más baja.

#4 truco: brazos cruzados

Eso no es necesariamente algo malo: si estás hablando con una chica y ella quiere ganar tu atención y tu aprobación, entonces puedes pararte derecho, poderoso, con la barbilla en alto y los brazos cruzados.

Esta posición dice: "¡De acuerdo, eres graciosa! Trata de ganarte mi atención, muéstrame lo que tienes".

Normalmente, una postura cruzada no es deseable cuando se trata de comunicaciones interpersonales generales.

Pero si estás tratando de seducir a las mujeres y lograr que se quiten la ropa, necesitas desviarte del camino seguro, probado y comprobado, de las habilidades generales de comunicación interpersonal. De hecho, necesitarás hacer muchas cosas que contradicen los principios generales de comunicación de ser abierto, cortés y amable porque al hacerlo, puedes crear los niveles de tensión necesarios para presionar sus botones de atracción de manera efectiva.

Piénsalo de esta manera - las mujeres calientes y hermosas están generalmente sobreexpuestas a hombres omega tímidos, corteses y educados. Lo más probable es que estén deseando más excitación por parte de los hombres con los que tienen contacto. Si quieres apartarte de las multitudes de maricas omega que normalmente se cruzan en su camino, necesitarás crear emoción y como ya he comentado antes, ¡la tensión es una de las mejores maneras de crearla!

Debido a que los brazos cruzados generalmente se piensa que no cumplen con las gracias sociales y las personas agradables durante las conversaciones, hacerlo mientras se habla con una mujer hermosa puede hacer que se sienta un poco incómoda - creando algo de tensión. Pero eso es buena tensión porque es el tipo de tensión que no la intimida ni le falta el respeto, pero al mismo tiempo le dice que tú no eres mi jefe. Es esa tensión lo que la llevará a preguntarse: "¿Le faltan las gracias sociales y agradables de la gente o simplemente no le importa lo que yo piense de él? Es un descaro... pero creo que me gusta. Maldita sea... ¿por qué me siento así? Estoy confundida....y excitada! Es diferente de todos los demás".

¡Y eso es por lo que cruzar los brazos es una técnica de atracción de alto nivel, cabrón!

Truco #5: manejar las críticas.

Si reclamas tu alto estatus y empiezas a mostrar un lenguaje corporal poderoso y dominante, entonces algunas personas pueden volverse celosas.

No te preocupes: sólo están proyectando sus inseguridades y miedos en ti. No luches contra ello, acéptalo y vuelve a tu alto estatus.

Ignora su mediocridad.

Hacerlo es un gran generador de atracciones porque demuestra que estás tan seguro de ti mismo y que no te afectan tus críticos. ¿Recuerdas que la falta de reacción es una técnica de estatus alto que atrae a las mujeres porque demuestra que tienes tanta confianza en ti mismo, en tus habilidades y en tu historial? Ese es el principio principal aquí.

Al no luchar contra tus críticos, estás diciendo esencialmente que estás tan seguro de ti mismo que ninguna de tus críticas importa lo suficiente como para ser digno de tu tiempo y atención - que tienes cosas más importantes que hacer en tu vida. Al aceptarlo sin admitir la culpabilidad o negarlo, envías un mensaje aún más poderoso: que respetas las opiniones contrarias de los demás y que estás tan seguro de ti mismo como para poder hacerlo.

Truco #6: no tengas miedo de reclamar tu alto estatus.

Si tienes miedo de hacerlo, destierra esa parte de ti de tu vida. El miedo puede ser un agente muy sutil pero poderoso que puede sabotear tus esfuerzos de alto estatus comiendo lentamente en tu centro como las termitas hacen con los cimientos de madera de las casas. Con el tiempo, puede causar que todos sus esfuerzos de alto nivel se derrumben si no lo mantienes bajo control.

Recuerda esto:

Todo el mundo quiere que TU seas de alto nivel.

Siempre lo hicieron, aunque no pudieran decirlo.

Hace que todos los que andan contigo se sientan mejor y más cool.

Al igual que tú quieres salir con gente cool y poderosa, tus amigos quieren lo mismo.

Quieren que TÚ seas de alto nivel: quizás después de un par de semanas, cuando hayan aceptado tu cambio.... pero seguro que lo harán.

El Entrenamiento de Lenguaje Corporal de tipo rudo

Ahora que conoces los principios clave de un lenguaje corporal poderoso, es el momento de entrenarlo.

Tu objetivo es mostrar constantemente un lenguaje corporal dominante sin siquiera pensar en ello, en todas las situaciones.

Por lo tanto, la manera #1 de entrenarlo es *hacer una práctica constante todo el tiempo*.

Dondequiera que estés, tal vez en el trabajo, en el gimnasio, en casa, sé consciente de cómo estás sentado o de cómo estás de pie. En un par de semanas se convertirá en algo realmente natural, pero primero empieza con la conciencia.

Te voy a decir la verdad, que al principio no va a ser fácil ni natural. Recuerda, si estás leyendo este libro, significa que aún no lo has leído. Aún no has dominado el arte del lenguaje corporal de alto nivel y aún tienes que lograr la vida sexual que deseas, ¿eh? Me lo imaginaba. Como tal, va a requerir mucho esfuerzo, proceso y deliberación al principio.

Considere un pedazo de bienes raíces de primera que se encuentra en un lugar que, realmente amas. Es un lugar que deseas tener a toda costa. Ahí es donde quieres construir la casa de tus sueños. El único desafío es que hay una estructura existente en ese lote. ¿Qué puede hacer un tipo tan rudo como tú?

En primer lugar, tendrá que demoler la estructura antigua y hacerlo lleva tiempo y precisión. Claro, puedes plantar varios explosivos C4 y volar la estructura en pedazos. Sin embargo, hay un problema con ese enfoque rápido.

Primero, te meterá en problemas con la ley. Es simplemente ilegal. Segundo, asumiendo que es legal hacer eso, simplemente volando la estructura no la hará ideal o ni siquiera apta para construir la casa de sus sueños. Usted tendrá que remover con precisión todos esos escombros y cimientos viejos para dar paso a uno nuevo sobre el cual se construirá tu nueva casa. Requiere tiempo, esfuerzo y acción deliberada - al igual que con nuestro entrenamiento de lenguaje corporal.

A medida que practicas las cosas que aprendiste aquí, la primera parte es demoler las viejas "estructuras" de tu cabeza, que es tu comportamiento inconsciente. Y para hacer eso, tendrás que prestar mucha atención a cómo te comportas con la gente, especialmente con las chicas guapas, en los primeros días o semanas probablemente. A medida que continúen utilizando conscientemente los principios, encontrarán que la estructura eventualmente será demolida y que están comenzando a sentar las bases y pronto, estarán actuando de manera natural.

Parte de la demolición y reconstrucción consciente es la autocorrección. Esto sólo puede funcionar si te esfuerzas por estar realmente consciente o atento a la práctica de los principios. Autocorrección constante: si te encuentras sentado en una posición de bajo estatus, sólo tienes que reconocerlo y corregirte.

Fija tu postura y regresa dominando tu camino.

#2 manera: tomar uno de los diez principios y practicarlo cada día.

Cada día, escoge un principio y concéntrate en él: veras que cada una de esas cosas saldrá de forma natural y automática, muy rápidamente.

Así que, por ejemplo, empieza a centrarte en ocupar más espacio. El primer día compartirás tu energía con el mundo y practicarás todas las posiciones relacionadas con este principio.

Al día siguiente, concéntrate en llamar la atención sobre tu entrepierna, ábrete, muestra tu masculinidad al mundo. Y así sucesivamente, con todos los demás principios.

Sé que puede ser muy tentador ir a practicar o emplear todos los principios a la vez, amigo. ¡Te entiendo! Estoy seguro que después de leer y aprender estos principios, eres un castor súper ansioso (hmmm....la analogía del castor no suena bien) que quiere dominar todo lo antes posible y empezar con tu Don Juan de tu generación...o vecindario.

Pero aquí está el problema con eso, amigo mío. Al asumir demasiadas cosas, se compromete la capacidad de dominar cada una de ellas. En otras palabras, es posible que termines siendo un maestro de todos los oficios o maestro de nada. Peor aún, es posible que no te conviertas en un Jack de cualquiera de los 10 principios. Eso sería una lástima, ¿no?

Lo que necesitas es ser como una luz de una lupa con la que solías quemar agujeros en un papel o encender un fuego. Una luz desenfocada, una que está por todas partes no es lo suficientemente poderosa como para quemar un agujero a través del papel e iniciar un incendio. Pero usando una lupa, el hiperfoco de luz en un espacio estrecho y concentrar su calor en un pequeño punto. Tal concentración le permite quemar un agujero o iniciar un incendio.

¿Recuerdas cómo aprendiste a correr de niño? ¿No empezaste aprendiendo a sentarte primero cuando eras un bebé? Entonces después de eso, ¿no aprendiste a gatear, a pararte, a tambalearte, a caminar y a correr? ¿Por qué no lo aprendiste todo de una vez? A eso me refiero exactamente. Así que haz lo mismo cuando se trata de practicar los principios que aprendiste aquí. Toma un principio a la vez y no te precipites en el siguiente. Concéntrate, pero relajado y no te esfuerces demasiado porque hacerlo sólo hará más difícil para ti dominar el principio. No te concentres en mil cosas cada día: sólo escoge una y domínala.

#3 manera: convertirse en un estudiante a largo plazo de lenguaje corporal.

Aunque el lenguaje corporal puede ser un área de estudio relativamente fija en el sentido de que sólo hay un número limitado de gestos, posturas y manierismos que se pueden utilizar para atraer y seducir a las mujeres, esto no significa que debas dejar de estudiarlo una vez que sientas que lo has conseguido.

Este libro es sólo el comienzo de una pasantía de por vida bajo el nombre de High Status BodyLanguage (Lenguaje corporal de alto nivel). Soy sólo uno de los muchos profesores de ese Master y por mucho que me guste decir que soy el único, no puedo.

Después de esto, puedes comprar otros libros sobre comunicaciones interpersonales (o sexuales) efectivas para que continúes atrayendo a las mujeres y pasando los mejores momentos de tu vida. También puedes comprar mis otros libros de comunicación no verbal para un estudio más profundo, en caso de que no los hayas comprado todavía. Mi punto es, considera esto como un proceso de toda una vida de evolución continua.

¡Es lo mismo contigo!

Por muy agudo que te vuelvas en el arte del lenguaje corporal de alto nivel para atraer a las mujeres, te aburrirás haciendo las mismas cosas con los mismos resultados una y otra vez. Puede que no me creas, pero en algún momento llegarás a un punto en el que te aburrirás haciendo la misma cosa fácil una y otra vez. Al continuar siendo un estudiante del oficio, no sólo minimizas el aburrimiento, sino que también lo haces cada vez mejor y, como resultado, eres capaz de enfrentarte a mujeres más desafiantes.

¿Qué te parece eso como incentivo para seguir aprendiendo?

Estudia, mira, nota, observa, sé consciente de tu lenguaje corporal y el de los demás. Fíjese cómo el lenguaje corporal de alto nivel obtiene atracción y poder de las chicas, compañeros de trabajo y jefes.

No dejes que el contenido de ciertas situaciones (lo que la gente dice) te distraiga. En vez de eso, déjalo ir y venir y mira el contexto: nota cómo un lenguaje corporal de alto estatus obtiene la atracción de una chica, o una promoción de un jefe, y cómo un chico de bajo estatus tiende a no conseguir chicas y ser ignorado por su jefe.

Aprende de esto, domínalo y sé mejor en

esto.

Elige un buen modelo, alguien a quien veas al menos un par de veces a la semana.

Puede ser un amigo, un tipo con el que trabajas, alguien del gimnasio.

Sólo tienes que elegir a un tipo que siempre pensó en algo como "¡maldita sea, ese tipo siempre se comporta jodidamente bien!

Luego, empieza a modelarlo: observa cómo responde en ciertas situaciones y qué está comunicando con tu cuerpo y repite su comportamiento.

Cuando estés con una chica y no sepas cómo actuar, pregúntate: ¿cómo estaría sentado ese chico del gimnasio ahora mismo? ¿Cómo se mantendría en pie? ¿Cómo se SENTIRIA EL?

Tu cerebro va a saber la respuesta: todo lo que tienes que hacer es confiar en él.

La caminata de alto nivel

La forma en que caminas es increíblemente comunicativa.

Dice muchas cosas sobre ti, tu vida, tu estado y, por supuesto, tu nivel de estatus.

Comunica exactamente lo que sientes por ti mismo.

Tu caminar establece el marco en el que la gente interpretará todo lo que dirás y harás a partir de él. Básicamente, te ven caminando y se preguntan: "¿Es de alto nivel o de bajo nivel?"

Obviamente, es mucho mejor ser filtrado a través de un marco de alto nivel.

Imagina esto: dos tipos dicen las mismas palabras exactas. El primero es un individuo dominante, seguro y de alto estatus; el segundo es tímido, débil y de bajo estatus. Dicen "ok, vamos". El contenido es el mismo, pero se percibirá de dos maneras totalmente diferentes.

¡Recuerda que el contexto de la interacción es más importante que el contenido!

Ya deberías haberte dado cuenta de que

todo hombre dominante y agresivo de la historia ha tenido un caminar poderoso.

Piense en líderes políticos o actores como Brad Pitt, Marlon Brando, Ryan Gosling, o personajes como James Bond: tienen su PROPIA caminata de alto estatus, que las mujeres encuentran sexualmente poderosos y los hombres inmediatamente reconocen como tipos duros.

Caminan de diferentes maneras, pero hay cinco características que se pueden encontrar fácilmente en todos sus movimientos.

#1: caminan altos y abiertos, con una postura alfa masculina.

Los hombros están hacia atrás, apretando los músculos entre los omóplatos. La barbilla está arriba, no están mirando hacia abajo a sus pies, sino directamente adelante. La espalda es recta y neutra.

Las manos pueden estar en los bolsillos, pero los pulgares afuera.

¿Te has dado cuenta de cómo James Bond entra en una habitación? ¿O qué tal alguien más a quien conozcas personalmente? ¿No se da cuenta de que algunas personas entran en una habitación y parecen ser "dueñas" de ella inmediatamente? Entran y todos los ojos empiezan a gravitar hacia él, aunque no sea una celebridad famosa. Hay algo en la postura de caminar que irradia hombría, confianza y atractivo sexual.

Pero más que caminar, los gestos y la postura adecuada te ayudan a gritar silenciosamente: "¡Oye, tengo tanta confianza en mí mismo que me duele!

Es por eso que caminar en un estado alto implica otros gestos igualmente importantes como los hombros hacia atrás, la barbilla hacia arriba o a nivel del suelo y la espalda neutral y recta.

Los hombros encorvados o caídos hacia adelante indican varias connotaciones negativas acerca de ti: o te sientes deprimido, triste, sin esperanza o tímido. De cualquier manera, todo esto indica que no estás en control de ti misma, tus situaciones y posibilidades también lo están de las mujeres. En última instancia, lo que esto les dice a los demás es que no estás seguro de ti mismo y que eres alguien a quien las mujeres pueden manipular como si fueras un cachorrito.

Si tienes la barbilla apuntando hacia abajo, como si estuvieras mirando tus zapatos, también envías el mensaje de que no estás seguro. Mirar hacia abajo, como con la incapacidad de hacer contacto visual, es una señal de sentirse inferior a otras personas. ¿Notaste que la mayoría de las personas orgullosas miran hacia arriba o hacia arriba, pero las personas tímidas e inseguras miran hacia abajo? ¿Alguna vez has notado también que la gente culpable tiende a mirar hacia abajo también? Así que cuando camines (o te pongas de pie), siempre ten en cuenta que, si siempre miras hacia abajo, no sólo te meterás en un accidente, sino que también enviará la señal a las mujeres de que no eres atractivo, interesante o excitante.

#2: saben adónde van.

Los hombres de alto rango tienen un

propósito claro en sus vidas, y dominan su camino, haciendo que cada paso cuente.

Saben exactamente hacia dónde van, guiados por su energía masculina positiva. Sus paseos son directos, fuertes y sólidos: te dan la idea de que no están dando vueltas.

¿Por qué es tan importante saber adónde vas si quieres que te consideren un hombre de alto rango? ¿Todo se reduce a controlar - y recordar cómo las mujeres se sienten tan atraídas por los hombres que son capaces de demostrar o comunicar que están en control de sí mismos, de sus situaciones y de las mujeres?

Así es como funciona. Imagínate a una mujer que se atreva a encontrar su casa sin el beneficio de una dirección o un dispositivo GPS y todo lo que te dio fueron descripciones relativamente genéricas de su casa como si fuera la única casa azul en una calle con una tienda de adivinación de la fortuna en un radio de 6 cuadras. Y dijo que puedes hacer lo que quieras con ella si encuentras su casa. ¿Cómo harías para conducir por las calles dentro de ese radio de 6 manzanas? Lo más probable es que lo hagas de una manera que para un extraño parezca que estás perdido. No te verás seguro porque no sabes adónde vas y tienes muy poco control sobre tu habilidad para tener sexo con ella en las próximas 2 horas.

Pero digamos que ella te da su dirección exacta y resulta que está al final de la calle donde realmente vives. Apuesto a que conduciría como un loco que tiene tanta confianza en sus habilidades al volante - sin vacilaciones y sin paradas mínimas para validar su ubicación. ¿Por qué? Ya sabes dónde está - ¡a dónde vas exactamente para esa importante cita sexual!

¿Ves la diferencia? Saber adónde vas, literal o figuradamente, te da más confianza de la que tendrías si no tuvieras ni idea. Y la confianza es la marca de un hombre de alto rango, que es la clave para atraer y seducir a las mujeres con éxito.

Oh, y cuando sabes a dónde vas con lo que estás haciendo, les das a las mujeres la impresión de que eres el verdadero - que probablemente puedes satisfacer sus necesidades emocionales y carnales. ¡Sí, cabrón!

#3: su caminar es suave y controlado.

Su marcha es más lenta que la mayoría, porque siguen su propio ritmo. Recuerde que NADA hace que un hombre de alto estatus camine a un ritmo que no quiere.
Son líderes, marcan la pauta: ¡no se precipitan! Sólo los tontos lo hacen, como dice la canción.
Apresurar su caminata, como si estuviera participando en el Maratón de Boston pero caminando a gran velocidad, hace que tu caminata sea áspera, espasmódica y se vea caótica. La velocidad al caminar que no sea para hacer ejercicio te comunica que tienes prisa, probablemente porque te olvidaste de encender el gas en casa, que llegas tarde para un lanzamiento de ventas muy importante, que estás tratando de complacer a tu supervisor viniendo a trabajar 30 minutos antes de tu hora oficial o que te estás apresurando a

asfixiar a una chica con regalos y servirla como un esclavo.

Esos, cabrones, no son para nada tipos rudos. Esas son señales de un debilucho - un hombre que no es lo suficientemente fuerte como para tener control de sí mismo, de sus circunstancias y de las mujeres en general. ¿Y adivina qué? Los mariquitas no son de alto estatus y no son atractivas en absoluto.

Cuando disminuyes tu velocidad al caminar, estás más relajado - ¡y eso se nota! ¿Qué significa relajado? Significa que no tienes prisa porque te acordaste de apagar el gas antes de salir de casa, que llegas temprano para un lanzamiento de ventas muy importante e impulsador de tu carrera, que no estás tratando de complacer a tu supervisor como todo lame botas y ser ascendido (una indicación de que no tienes lo que se necesita para ser ascendido legítimamente) y que no estás bajo el control de ninguna mujer. Todo esto significa que tienes el control de ti mismo, de tu situación y de las mujeres mismas.

Y eso, cabrón, es de tan alto nivel. Eso es tan sexy para las mujeres.

#4: su caminar es un andar masculino.

Tienen un andar seguro y masculino. Mientras caminan, alimentan su energía con pensamientos positivos y el cuerpo no puede evitar seguir su mente.
Tienen esa pequeña "sonrisa de conocimiento" en sus rostros.
Su caminar es dominante y relajado al mismo tiempo.
Cualquier cobarde puede caminar, pero se necesita un cierto paseo para que se convierta en un hombre de alto estatus. Una especie de paseo que grita "¡hombre varonil!". Y es el tipo de paseo que susurra a las mujeres " advertencia, hombre sexy caliente pasando ".
El andar masculino, más que una colección de gestos de caminar, es más una cuestión de confianza. Un andar masculino es aquel que sale naturalmente a los hombres de alto estatus porque, bueno, tienen confianza. Es como preguntar cómo los

pájaros dominan el arte de volar. Bueno, ¡es porque son pájaros! Si tienes confianza, caminarás en un estatus alto.

¿Recuerdas tu misil torpedo de una mente subconsciente? Si su mente subconsciente sigue programada o codificada para adquirir un comportamiento de bajo estatus, entonces tú tendrás naturalmente un andar más femenino o asexual en lugar de uno masculino. Pero si hiciste tu tarea y has empezado a experimentar algún nivel de éxito en términos de adquirir un genuino sentido de confianza en ti mismo, ¡entonces un andar masculino simplemente fluirá de ti!

Sí, puedes fingirlo, pero cualquier éxito que experimentes durará poco a menos que seas capaz de usar esos éxitos para reprogramar tu mente subconsciente para que se sienta verdaderamente segura y lo viva.

Lo que me lleva de vuelta al principio del libro, trabajando en tu juego interior de tipo rudo. ¡Si plantas un fruto malo y continuarás cosechando un fruto malo y masculino que incluye un andar muy pero muy varonil! Es el tipo de andar que hará que la gente te admire -aunque sea la primera vez que te vean- y las mujeres quieran comerte de postre. ¡Tal vez incluso para el plato principal!

¡Piensa como tipo duro, compórtate como un tipo duro y camina como un tipo duro! de la abundancia de tu hombría interior caminarán tus pies. No puede haber otra manera - ¡no puede haber otra manera!

#5: a menudo miran más allá de la multitud.

Mientras caminan, su mente está en su camino.

No miran a todo el mundo a los ojos para ver lo que piensan de ellos; miran hacia adelante, mientras dominan su camino.

El entorno no llama su atención, aunque esté cambiando.

¡Recuerda, eres un tipo rudo! Se supone que tienes que irradiar confianza, carisma y una actitud de "no me importa si te importa". Y qué mejor manera de hacer esto que actuar de forma esnobista. Sólo ten en cuenta el esnobismo, no ser un esnob, que no es agradecer a las personas que te llaman o se acercan a ti para hablar o lo que sea.

¿Por qué el aspecto esnobista es de estatus tan alto? Por un lado, habla de una sensación interna de seguridad y confianza de que realmente no estás interesado en lo que sucede a tu alrededor. Envías el mensaje de que no necesitas su aprobación para sentirte bien contigo mismo. Eres un hombre completo y todo lo que necesitas es a ti mismo para sentirte seguro.

Otra razón de su alto estatus es que envía este mensaje silenciosamente: "Ustedes no merecen mi atención. Sus vidas son probablemente tan interesantes como ver a un pez dorado nadar en el acuario. Por otro lado, ¡soy tan interesante e intrigante que estoy muy intrigado e interesado en mí mismo! ¡Soy tan interesante e intrigante que me encontrarás como tal y querrás conocerme e iniciar el contacto sólo para que puedas descubrir de qué se trata el misterio! No voy a competir por tu atención, tú competirás por la mía".

Tercero, la mirada esnobista hace que las personas, específicamente las mujeres, se emocionen al conocerte. Si usted es del tipo que siempre sonríe a casi cualquier persona en la habitación y siempre inicia el primer contacto, estará enviando un mensaje contradictorio a las damas. Sutilmente, esto es lo que dirás si no tienes esta característica: "Hola, no soy tan interesante, de ahí mis constantes esfuerzos por sonreírte siempre e iniciar el contacto. Tampoco estoy seguro y confiado de mí mismo, de ahí la necesidad de iniciar siempre el contacto y mirar a todos en mi camino. ¡Por favor, que alguien me salve de la banalidad de mi existencia! ¡Ten piedad de mí!"

De acuerdo, puede que haya exagerado un poco, pero mi punto es que mirar más allá de la multitud a menudo te hace más interesante y rudo.

Esos eran los cinco principios del andar de un tipo rudo.

Cada hombre tiene su propio estilo de caminar, que puede ser entrenado y dominado con algunos trucos y consejos fáciles.

Adelante, prepárate, cabrón.

¡Después de leer el siguiente capítulo, tu forma de caminar nunca será la misma!

Cómo caminar como un verdadero tipo rudo - Asegúrate de que encuentres tu manera de caminar sexualmente atractiva

Apuesto a que en tu mente ya hay una foto, una película, una canción, algo que te da la idea de un andar de alto nivel. Es como si tuvieras Netflix en tu mente y desde allí, vieras videos de cómo James Bond, Dwayne " La Roca " Johnson y Hugh Jackman están acostumbrados a caminar.

Ya sabes como lo hacen. Y también tu cerebro y tu subconsciente.

Ahora mismo, tienes que darte permiso para caminar así.

¿Recuerdas las afirmaciones positivas? ¡Este es uno de los mejores momentos para usarlo! Si tu mente subconsciente aún no está programada para caminar como un tipo rudo, di las palabras que quieres que sean una y otra vez hasta que se hunda tu mente consciente en tu mente subconsciente. ¡Si piensas que ya está ahí, no hay nada malo en seguir reforzándolo! ¿Recuerdas que hablamos de no dejar espacio para el antiguo y débil yo para poder volver a entrar arrastrándose?

Di a ti mismo algo como esto: "*Ahora soy un tipo de estatus alto. Me veo de alto nivel. A partir de ahora, caminaré como los actores y líderes más famosos, porque me ENCANTA ser tan dominante, encantador y relajado*".

En primer lugar, con el fin de interiorizar completamente el andar de estatus alto, tu deberías empezar a imitar a alguien que ya ha adquirido esta habilidad. Imítalo hasta que empieces a obtener resultados consistentes a su manera, y luego innova y añade tu propio estilo en la manera en que caminas.

Escoge uno o dos modelos para caminar. Ve sus películas, sus entrevistas, trata de captar cada movimiento en particular. O pueden ser un par de amigos, alguien con quien andas, y eso será aún mejor, porque estarás en su entorno y aprenderás esta habilidad rápidamente.

Una vez al día, lee los cinco principios de la forma de caminar que acabas de leer en el capítulo anterior.

Luego escoge tu modelo y obsérvalo caminar por un minuto, enfocándote y los cinco principios.

Luego, practica copiando su caminata por tres minutos.

Repite esta secuencia todos los días durante una semana.

¡La práctica es la clave aquí, mi amigo que toma acción! Practicar lo que aprendiste y observaste caminando de esa manera te ayuda a reprogramar tu mente subconsciente para exudar, reflexionar y actuar la nueva y brutal naturaleza que hay dentro de ti. Piensa en ello como la internalización externa de los principios de los tipos rudos.¡Cuanto más literalmente si caminas lo que hablas, más lo que hablas se convierte en lo que caminas!

Y hablando de práctica, leí en el libro más vendido de Malcolm Gladwell, Outliers, acerca de un estudio cuya conclusión incluye que se necesita practicar -en promedio- unas 10.000 horas para dominar algo, ya sea tocar la guitarra eléctrica o golpear el béisbol. No sé ustedes, pero 10.000 horas de caminata me parecen demasiado. Es como correr 2.000 maratones de menos de 5 horas. ¡Eso es una locura! Puede que no haya cronometrado mis horas reales de práctica, pero puedo decir con seguridad que no necesitaba caminar 10.000 horas para conseguir el caminado de tipo rudo. ¡Sólo me llevó 9.999 horas!

Dejando a un lado las bromas, la cantidad de tiempo y práctica necesaria para dominar la caminata varía de persona a persona, pero puedo asegurarte que no te llevará toda la vida.

Hay maneras de ayudar a que sus caminatas de "práctica" sean más eficientes y a que domines la manera de caminar más rápido. Una de ellas es obtener la retroalimentación de tus amigas más cercanas.

Yo no recomendaria que pidieras consejos a tus amigos varones porque lo más probable es que no tengan ni idea, a menos que sean gays, en cuyo caso lo que atrae a las mujeres también lo atrae a ellos. Al recibir sus comentarios, tú disfrutas del beneficio de verte caminar desde el punto de vista de otra persona. Además, dado que tu principal objetivo es seducir y atraer a las mujeres, obtener retroalimentación de las mujeres -o de los gays- es lo más cercano a la verdad acerca de cómo te va en tu caminado de tipo rudo como sea posible.

Si no tienes amigas (pobres de ti) o incluso gays, ¡no te desesperes! Puedes tener la opción de grabar en video y ver clips de gente como Harvey Specter o Brad Pitt para ver cuán lejos o cerca estás de dominar el caminar de los rudos.

Yo personalmente practiqué usando a Ryan Gosling como modelo. Nunca lo he visto caminar sin un propósito. Siempre es alto y abierto, su caminar es suave y controlado. Y por supuesto, las mujeres lo encuentran sexy y de un estatus extremadamente alto.

Recuerde que, aunque la práctica no hace que sea perfecto, puede hacer que tú seas excelente en ello.

Cada vez que camines, practica conscientemente la excelencia.

Incluso la primera caminata de tu día,

cuando todos los tipos mediocres van al baño de una manera perezosa, cansada y flácida, debería ser de alto estatus y poderosa. Camina por la casa por unos minutos, preferiblemente frente a un espejo o a una videocámara. Siente, interioriza y cree que estás habitando el cuerpo de tu modelo a seguir, ya sea James Bond, Ryan Gosling o Matt Bomer en White Collar. ¡Empieza bien el día practicando tu caminar de tipo rudo! ¿Y si tienes muy mala memoria? puedes tomar suplementos para mejorar la memoria o dormir más. Si todavía no funcionan o si no puedes darte el lujo de dormir más, puedes poner una nota cerca de tu cama, en un lugar donde la veas inmediatamente. De esa manera, no tendrás ninguna excusa para no empezar el día de la forma más brutal.

Siempre confía en el proceso, y los resultados llegarán. Es exactamente como se supone que debe ser: ahora eres un hombre de alto rango. No escuches la mediocridad que te rodea y sigue tu camino.

Visualízate caminando por las calles de una manera dominante, relajada.... impresionante. La visualización puede ser muy, muy útil para ayudarte a reprogramar tu mente subconsciente y hacer que camines de forma natural. De hecho, es una de las técnicas más populares -y con razón- para producir un cambio personal efectivo y duradero. ¿Por qué?

Es porque la mente subconsciente -a diferencia de la consciente- no puede diferenciar entre la experiencia real y la imaginaria. ¿No me crees, hermano? De acuerdo, mira esto.

¿Puedes conscientemente hacer que tu pene sea tan duro como una roca simplemente queriéndolo, sin ninguna ayuda física? Lo dudo. Es porque a diferencia de tu mano que puedes controlar con tu mente subconsciente, no puedes hacer que tu salchicha junior se levante a voluntad. Ahora prueba esto....

Piensa en la mujer más sexy que conoces y, con un detalle vívido, visualiza en tu mente que te está dando cabeza y que lo está haciendo como si no hubiera comido nada en las últimas 3 semanas - ¡está tan hambrienta de tu salchicha! ¿Sientes que tu salchicha junior está a la altura del desafío? Supongo que sí. El mío lo hizo mientras escribía esto... ¡maldita sea!

Y eso, mi querido amigo, es el poder de la visualización. Tu mente subconsciente no fue capaz de descifrar que tu visualización no es real... eso es todo un gran intento por parte de tu mente consciente de engañarla para hacer que se te levante la polla. Respondió como si fuera real. Y la prueba del pudín está en el aumento, en este caso.

¿Te imaginas si refuerzas tus prácticas reales con tus sesiones de práctica mental utilizando la visualización? De hecho, no tienes que hacerlo. Innumerables estudios han demostrado el poder de ensayar mentalmente lo que de otro modo serían actuaciones físicas, ya sea practicar deportes o tocar un instrumento musical. Sus resultados mostraron que las mejoras en el rendimiento físico real no fueron significativamente diferentes entre los ensayos mentales y físicos. De hecho, algunos de ellos incluso mostraron que la combinación letal de prácticas reales y mentales (visualización) mejoró significativamente el rendimiento en comparación con el uso de sólo uno de los dos métodos. Si los atletas profesionales y los músicos utilizan la visualización para complementar la práctica física real, ¿por qué no debería hacerlo en sus esfuerzos de caminar?

Antes de separarnos, sólo quiero decir que no puedo exagerar lo suficiente la importancia de practicar lo que aprendiste aquí. Al combinar la práctica real con la visualización, estás reprogramando efectivamente tu mente subconsciente para que se convierta cada vez más en una mente de tipo rudo. ¡Practica, visualiza y luego deja que esta visión se manifieste en tu realidad!

Conclusión

Cuando tienes un lenguaje corporal de alto nivel, la gente concluye que estás en CONTROL de tu propia realidad.

Así que, como aprendiste en este libro, primero ponte cómodo; ocupa tu espacio y deja que tu lenguaje corporal sea poderoso y dominante. Esto permitirá que otras personas a tu alrededor se sientan mejor, los hará relajarse y sentirse cómodos también: esa es tu meta como líder de alto nivel, así que sé un ejemplo.

Recuerda esto, mi rudo amigo:

El cuerpo sigue a la mente, pero la mente sigue al cuerpo aún más.

Tener un lenguaje corporal de alto nivel te hará tener una mentalidad de alto nivel todo el tiempo.

Esa es la verdadera fuerza y el principal beneficio de mostrar un lenguaje corporal de tipo rudo.

Para entrenar tu nueva forma de caminar, hazlo una práctica consciente todo el tiempo, siguiendo la secuencia que puedes encontrar en el capítulo correspondiente.

Y ahora imagina: tu lenguaje corporal será grande, las chicas se sentirán atraídas por tus posiciones de poder y tus maneras de comportarte.

Vendrán a hablar con ese tipo guapo y.... tu voz suena como una mierda.

Es una situación muy mala. El lenguaje corporal es extremadamente importante, pero desafortunadamente no puede hacer nada con una voz de mierda.

Por eso dediqué un libro entero al entrenamiento de la voz.

Y ya que TÚ mereces una voz poderosa y dominante... He puesto un avance de mi libro Entrenamiento de Voz en el próximo capítulo.

De nada, hombre.

No pierdas esta oportunidad.

Por último, si te gustó este libro, ¿por qué no dejas una reseña de Amazon, como lo hicieron todos los demás clientes? Tu opinión es importante para que esta guía sea cada vez mejor. ¡Realmente aprecio sus comentarios!

PD: ¿Quieres saber mis mejores consejos y técnicas probadas para atraer, seducir y, literalmente, volverla loca por ti?

¡Entonces, tú debe hacer clic aquí ahora mismo!

O puede hacer clic en este enlace: http://bit.ly/7secrets-new

Créeme: esta mierda cambiará tu vida, ¡no te arrepentirás!

Vista previa del entrenamiento de voz

Por qué una voz de alto nivel es tan poderosa

Durante tu vida, probablemente has estado en diferentes situaciones sociales y encuentros. Quiero decir, has oído tantas voces en tu vida, tantos discursos, en la televisión, en la vida real o por teléfono.

Probablemente aprendiste que no importa lo que estés diciendo o haciendo, si es a través de una voz de mierda que nadie quiere escuchar. Alguien puede estar contando la historia más asombrosa, pero si suena jodidamente molesto, simplemente no quieres oírlo.

Por otro lado, si alguien tiene una voz

FANTÁSTICA, dominante y poderosa, y también está contando una historia interesante, probablemente querrás escucharla.

La pregunta es: *¿por qué?*

¿Qué hace que una voz de alto nivel sea tan poderosa?

¿Por qué es tan atractivo e influyente?

Razón # 1:

La voz es una de las*subcomunicaciones* más importantes, que le permite a la gente saber en qué nivel de estado tú mismo te percibes.

Si crees que eres confiado y poderoso y se lo estás dejando claro al mundo, entonces rápidamente aceptará el hecho de que eres increíble.

En contraste, *si te percibes como alguien no tan fantástico, o no tan digno, el mundo creerá lo mismo.*

Por lo tanto, si alguien escucha tu voz, él o ella está obteniendo muy rápidamente el nivel de estado que percibes tú mismo.

¿Estás hablando en voz alta porque crees que eres digno y la gente debería oírte? ¿O estás hablando más bajo, porque no crees en ti mismo, en tu valor?

¿Está hablando a tu propio ritmo o está condicionado por eventos externos?

¿Está participando directamente de manera proactiva? ¿O tal vez estás ahí parado, sin dejar clara tu opinión?

Así que, de ahora en adelante, deja que la gente perciba tu poder interior.

Razón # 2:

Ser un buen comunicador es, en general, poderoso por sí solo.

Muestra que estás acostumbrado a que la gente te escuche, a que te afecte y a que te afecten tus palabras.

Hablar con una voz clara y de mando es una muestra de su inteligencia social.

¿Quién más en la historia tenía grandes voces? Líderes políticos, actores de clase mundial, todos los líderes en general. Cuando exhibes tu voz interior de malvado, la gente tiende a asociar cualidades de liderazgo y potencial contigo.

Piensa en un tipo que está contando una

historia interesante a sus amigos, y todos están escuchando con éxtasis, mirándolo con la boca abierta.

Un buen comunicador SIEMPRE se destaca: imagínese yendo a una reunión de negocios con una presencia vocal fantástica y dominante y siendo reconocido como la persona más valiosa y poderosa del grupo.

Probablemente serás reconocido como un líder, porque la mayoría de la gente hoy en día tiene voces mediocres.

Por lo tanto, comprende que tu expresión vocal es un aspecto fundamental de tu desarrollo personal. Una gran proyección vocal muestra que estás acostumbrado a que la gente escuche y a que le gusten las palabras que dices, porque eres de alto nivel.

Si estás realmente en el punto con tus palabras, con una voz fuerte, clara y dominante, entonces la gente pensará que simplemente esto no es nuevo para ti.

Puedes tener un super auto, puedes tener una linda casa, o puedes conocer a ese VIP. Pero estas no son señales de estatus altas.

Pueden ser falsos.

Por otro lado, no puedes fingir tu voz. Si tu tono de voz es profundo y poderoso, todos los que conozcas lo sentirán en un nivel subconsciente.

Los 5 rasgos de una voz poderosa

¿Qué hace que una voz sea poderosa y de alto nivel?

Cada voz dominante y poderosa tiene cinco rasgos:

1. Es autoritativa
2. Es clara
3. No se ve afectada
4. Es interesante
5. A menudo rompe la relación

Si realmente quieres hacer que tu voz destaque de una manera poderosa, entonces haz clic en el enlace de abajo.

Te explicaré los cinco rasgos de una voz de alto nivel, te mostraré los ejercicios que usé personalmente para fortalecer los músculos de mi boca y los secretos que usaron los actores de Hollywood para hacer de sus expresiones vocales las más atractivas de este planeta.

Mereces una VOZ PODEROSA, mi rudo amigo.

Imagínate en una reunión de negocios: serás el tipo más valioso allí, porque tu voz será tan fuerte y COMANDANTE. Todo el mundo estará encantado con tus palabras.

Los líderes y actores políticos no nacieron con una voz poderosa, sino que la entrenaron hasta ese momento. De hecho, no tienes una voz silenciosa, simplemente lo entrenaste de esa manera.

Ahora es el momento de entrenarlo al revés!

Parte 2

Introducción

Quiero agradecerte y felicitarte por descargar el libro.

Este tipo contiene pasos y estrategias probadas sobre cómo usa tu lenguaje corporal en diferentes tipos de situaciones

Este libro digital te enseñará lo básico acerca del lenguaje corporal. Se explicará las "señales físicas" que las personas realizan en ciertas situaciones. Al leer y/o usar estas señales, podrás aumentar tu atractivo personal. También te proveerá de consejos, trucos y estrategias de cómo aplicar el lenguaje corporal en tu vida diaria.

Por último, este material te enseñará a cómo usar el lenguaje corporal durante una negociación, una presentación de ventas, o una entrevista de trabajo, y por lo tanto te permitirá sobresalir de la multitud. Leyendo este libro y aplicando la información que aquí te proporcionamos, te convertirás en un experto en el arte y ciencia del lenguaje corporal.

Gracias otra vez por descargar este material, ¡Espero que lo disfrutes!

Capítulo 1 - ¿Cómo leer las "señales" de las otras personas?

Usas el lenguaje corporal a diario. Lo usas para comunicar tu mensaje, obtener respuestas de otras personas y alcanzar tus objetivos, Has estado usando este lenguaje desde que eras un niño, aunque no te hayas dado cuenta. Adicionalmente, no es como el "típico lenguaje" que conoces, ya que el lenguaje corporal involucra todo tu cuerpo para enviar mensajes a otras personas.

Los psicólogos alaban el poder del lenguaje corporal, Al usarlo puedes decodificar los pensamientos internos y/o las emociones de los demás sin siquiera escuchar las palabras que dicen, Además tienes la habilidad de ajustar tu comportamiento basada en la situación en la que te encuentres. Tendrás mejores oportunidades de que otras personas crean y confíen en ti. En pocas palabras, el lenguaje corporal puede hacer cosas que las palabras no.

En esta sección del libro aprenderás acerca

de las diferentes "señales corporales" mostradas por los individuos en varias situaciones

Mostrando Interés

Necesitas saber si la gente se preocupa por lo que haces o dices. Sin conocimiento, podrías estar desperdiciando el tiempo tratando de convencer a las personas equivocadas.

Asumiremos que estás enseñándole matemáticas a niños de 9 años de edad. Te gustan las matemáticas, así que, crees que los estudiantes a quienes están enseñando tienen los mismos sentimientos hacia el estudio. No obstante, ¿estás seguro que ellos están interesados? ¿Tienes las correctas técnicas de enseñanza y las habilidades de comunicación para captar el interés de los estudiantes? Si no puedes leer las señales corporales, no sabrás cómo tus alumnos se adaptan a tus lecciones.

Si no puedes determinar si sus rostros paralizados indican aburrimiento o concentración, tendrás problemas en ajustarte a las necesidades de tus estudiantes.

A las personas "interesadas" (Individuos a quienes les importa lo que haces o dices) exhiben los siguientes movimientos en sus cuerpos:

- Mirarán a los ojos durante la conversación o presentación.
- Inclinarán sus cabezas hacia adelante
- Asentirán con la cabeza cuando usted diga algo con lo que están de acuerdo.
- Apuntarán con sus pies hacia tu dirección.
- Sonreirán múltiples veces, sin embargo, las sonrisas pueden significar diferentes cosas, Las sonrisas oblongas no son reales, representan respeto mas no alegría o amistad. Las personas halan sus labios hacia atrás, formando una sonrisa "oblonga". Este es el tipo de sonrisa que realizas cuando tu jefe cuenta un chiste malo. Muchos de nosotros nos podemos identificar con esto.

Mostrando receptividad a las ideas
Durante tus tempranos años en este

mundo probablemente habrás tratado de decodificar las reacciones de tus padres basados en sus expresiones faciales. Cuando fruncían en entrecejo sabías que ellos no te iban a comprar ese juguete nuevo con el que habías estado soñando. Cuando ellos sonreían, sin embargo, tu comenzabas a saltar aun si ellos no hubieran dicho la palabra "Si".

Ahora que te has vuelto más maduro (con suerte), detectar si las personas están de acuerdo contigo se ha vuelto algo imperativo. Esta habilidad es extremadamente importante para los empleados, negociadores y amantes.

Hay algunas señales que muestran la receptividad de un individuo hacia tus ideas. He aquí algunas de ellas:

- Si hay una mesa frente a él, mostrará sus manos puestas en la mesa.
- Mostrará la palma de sus manos.
- Acariciará su barbilla mientras piensa.
- Inclinará su cuerpo hacia adelante.
- Asentirá con su cabeza.
- Sus piernas estarán separadas.
- Sonreirá a menudo.

- Desabotonará su chaqueta (si lleva puesta una) Este gesto representa amistad y deseo de aceptar tus ideas.
- Él pondrá una mano en su pecho, Este acto representa honestidad, sinceridad y receptividad. Una mujer, sin embargo, pondrá las manos en su pecho cuando esté sorprendida.

Señales de contemplación

"Pensar" es un proceso que nunca termina. Sin embargo, las personas realizan varios movimientos corporales de acuerdo al tipo y magnitud de los procesos de pensamiento que ocurren en su mente. He aquí algunos de esos movimientos:

- Acariciar la barbilla - Las personas hacen este movimiento cuando evalúan los pro y contras de las ideas que has presentado.
- Quitarse los anteojos y (1) limpiarlos, o (2) llevarse a la boca alguna de las patillas de los mismos. Este gesto significa que la persona necesita tiempo para analizar la presentación. Si se lleva a la boca la montura, puede que él requiera más detalles acerca de

lo que le planteas.

- Cerrar los ojos y frotar el puente nasal. Si una persona realiza este gesto, se interpretaría como que está realizando un profundo análisis. Puede que se encuentre en una situación complicada en donde las consecuencias de la decisión que tome sean serias.

- Apoyar la barbilla en la palma de una de las manos; el dedo índice extendiéndose en la mejilla y los otros dedos se encuentran debajo de la boca. Con este gesto, la persona está antagonizando o criticando a quien esté escuchando.

- Caminar alrededor mientras sus manos permanecen detrás de él. Este tipo de gestos indican que la persona puede tener serios problemas. Adicionalmente, indica que está en la búsqueda de posibles soluciones a los mismos.

Señales de Decepción:

Las personas realizan ciertos movimientos corporales para mostrar su decepción o desaprobación. Por ejemplo, un entrenador de la NBA cuyo equipo fue vencido en las Finales puede permanecer quieto mientras sacude su cabeza. La siguiente lista muestras algunas de las señales que una persona puede mostrar cuando está decepcionado:

- Chasqueará su lengua varias veces (escuchándose un sonido parecido a "tsk").
- Pateará el piso, el aire o al polvo.
- Se rascará su nuca o su cabeza.

Señales de ser orientado a la meta o la acción

Puedes identificar si una persona está motivada y orientada a la meta con solo observar cómo habla. No obstante, hay que recordar lo que dicen los mayores "las acciones hablan más que las palabras". Aquí mostramos aluna señales que debes observar:

- Camina rápidamente y balancea sus brazos libremente.
- Se para con sus piernas separadas. Puede también que ponga sus manos en su cintura.

Señales de estar a la defensiva o en

reserva

Cuando se esconde un secreto, fácilmente se puede mantener la boca cerrada. Sin embargo, el cuerpo usualmente emite señales cuando se esconde algo de los demás. Aquí hay algunos ejemplos:

- Mantener las manos en los bolsillos mientras caminas alrededor.
- Cruzar los brazos.
- La persona evita cruzar su mirada con los demás tanto como sea posible.

Señales de aburrimiento

Es muy probable que hayas asistido a una reunión obligatoria en la que una persona importante realizó una presentación. Golpeaste el piso repetidamente con tus pies, tamborileaste tus dedos y pulsaste el bolígrafo mientras el presentador seguía hablando sobre cosas que realmente no te importaban. Después de la presentación, el presentador te preguntaba (y al resto de los presentes) si disfrutaron la presentación. Escondes tu bolígrafo, sonríes y exclamas "¡Si!". Todas tus acciones mostraron tu aburrimiento. Afortunadamente para ti, el presentador no supo cómo leer tu lenguaje corporal.

Las personas cuando están aburridas o desinteresadas muestran los siguientes signos:

- Miran fijamente (sin pestañear). Puede que también miren alrededor en varias ocasiones.
- Apoyan su cabeza en la palma de sus manos.
- Pulsan continuamente un bolígrafo.
- Bostezan repetidamente.
- Golpean ligeramente con sus pies o manos.
- Halarse las orejas ligeramente. Esta acción también significa que la persona quiere interrumpir a quien habla.
- Sus cuerpos (generalmente sus pies) apuntan hacia la salida más próxima. Esto demuestra la prontitud de las personas por irse lo antes posible.
- Se mueven constantemente. Esta señal puede ser confusa. Puede significar que la persona solo está incómoda con la situación (o que tal vez necesite ir al baño)

Nota Importante: Si usted es el

presentador y su público muestran estas acciones mostradas anteriormente, por favor no alce su voz ni hable más rápido. En lugar de eso, pregúnteles qué ocurre. Establezca una conexión ya que en la mayoría de los casos usted sabrá qué causa ese aburrimiento.

Señales de Interés y Emoción

Las personas realizan ciertas acciones cuando algo bueno ocurre. Por ejemplo, si eres promovido o recibes un regalo extraordinario probablemente muestres inconscientemente algunas de estas señales:

- Frotan las palmas de sus manos.
- Aplauden.
- Inclinan su cabeza hacia adelante.
- Cruzan sus dedos (esperando a que algo muy bueno ocurra).

Señales de Poder, Confianza, Autoridad

Si eres confiado, tus oportunidades de ser exitoso son mayores que las de aquellos con baja autoestima. Además, las personas confiadas obtienen una ventaja significante haciendo que los demás se sientan inferiores. ¿Cómo lo hacen?

- Miran a los ojos de otras personas y rara vez miran las partes del cuerpo debajo de la nariz de los demás.
- Inclinan hacia arriba la barbilla.
- Sacan el pecho.
- Su voz es usada a un ritmo, tono e inflexión bajos cuando conversan.
- Mantienen una postura firme y erecta en todo momento.
- Tienen sus manos agarradas detrás de ellos.
- Sus manos se posan sobre sus caderas.
- Colocan los pies sobre la mesa (demasiada confianza)
- Apoyan su cabeza con las manos cruzadas mientras se inclinan hacia atrás.
- No dudan. Sus movimientos muestras confianza y precisión.
- Balancean sus brazos mientras caminan.
- Presionan juntas las puntas de sus dedos (Ejemplo:El pulgar derecho con el izquierdo, el índice derecho presiona con el izquierdo, etcétera) Las palmas de las manos están separadas.

Adelante, intenta experimentar con estos. Notarás cambios en la forma que las personas hablan contigo.

Señales de Resistencia

Usualmente las personas hacen lo mejor posible para no mostrar su enfado. Restringen sus emociones tanto como sea posible, por lo tanto, es necesario identificar los gestos que demuestren ira o resistencia. Después de dominar esta habilidad, podrás minimizar posibilidades de peleas y conflictos. Aquí te mostramos las señales que debes buscar:

- Apretar los puños.
- Golpear contantemente con los pies o manos los objetos cercanos.
- Una de las manos agarra la otra mano, brazo o codo.
- Cruzar los brazos.
- Pestañear constantemente.
- Tirar del cuello.
- Patear el aire o el suelo.
- Agarrarse al borde de la mesa.

Señales de Nerviosismo

Esto es especialmente importante: No

puedes dejar que las demás personas sepan que estás nervioso. Es por eso que necesitas monitorear todos tus movimientos, especialmente cuando estás en una audición para un rol principal en una película de Hollywood (Puede ocurrir, ¿no?). Aquellos quienes están nerviosos realizan los siguientes gestos:

- Apretar los puños.
- Golpear contantemente con los pies o manos los objetos cercanos.
- Presionar juntas sus manos, como si estuvieses orando.
- Su voz es acelerada, aguda y con tartamudeo.
- Luchan por esconder su nerviosismo silbando.
- Aclara la garganta en repetidas ocasiones.
- Colocan sus brazos detrás de ellos; una mano sujeta el otro brazo la muñeca.
- Cruzar los brazos y agarrar los bíceps.
- Cruzar las piernas mientras están de pie.
- Evitar el contacto visual.
- El apretón de mano es débil y con la

palma de la mano hacia arriba.

- Cruzar los tobillos.

Señales de Duda

Es difícil saber si las personas lo consideran a usted como un individuo en el que se puede confiar. Las personas que tienen dudas o sospechas muestran las siguientes señales:

- Lanzan miradas rápidas, fugaces y sigilosas.
- Frotarse o tocarse las orejas y los ojos.
- Meter las manos en los bolsillos.
- Cruzar los brazos.
- Bajar los anteojos por el puente de la nariz y examinar de cerca mirando por encima del marco de los anteojos.

Nota Importante: Una persona que duda de sí mismo se toca la nariz. Este gesto involuntario ocurre cuando una persona tiene problemas contestando una pregunta importante o cuando está preocupado por la reacción de otras personas.

Señales de Orgullo

Cuando estás orgulloso de tus posesiones materiales (Por ejemplo: un nuevo BMW

Roadster) usualmente lo tocas o te inclinas en el objeto. Los ojos brillan cuando se habla de esa posesión. Además, las personas pueden notar fácilmente la emoción en la voz del propietario.

Señales mostradas por un mentiroso

Los seres humanos mienten por diferentes razones. Puedes mentir para ocultar un error vergonzoso, prevenir conflictos con otros, inculcar esperanza o para evadir el discutir asuntos sin importancia. En algunos casos, mentir resulta por cuestiones mentales (Ejemplo: vanidad o desilusión). Cuando una persona miente, mostrará las siguientes señales:

- Su voz es acelerada, aguda y con tartamudeo.
- Traga saliva y aclara su garganta constantemente.
- Evade el contacto ocular. Este comportamiento usualmente ocurre cuando alguien desea evadir un tema en particular.
- Lanza miradas a los lados.
- Sus labios se secan. Tenderá a humedecerse los labios usando la

lengua.

- Parpadea rápidamente.
- Se frota la garganta.
- Toca diferentes partes de su cara (Ejemplo: ojos, nariz, boca, etc.) constantemente, como si intentara cubrirlos.
- Se golpea los pies y las manos.
- Su postura es cerrada y descendente.
- Se encoge de hombros y mantiene la cabeza baja.
- Cambia su postura o ubicación constantemente.

Puedes estar pensando que muchos de estos gestos se repiten en diversas circunstancias, y no es una tarea fácil "leer" a una persona. Sin embargo, ten en cuenta que el contexto es extremadamente importante en cada situación. Una persona que aprieta los puños durante una entrevista de trabajo probablemente esté nerviosa y no intente ocultar su ira. ¿Estamos de acuerdo?

Capítulo 2 – Los fundamentos para "Reflejar".

Digamos que necesitas pasar tiempo con una de estas personas: (1) Tu amigo, que apoya a tu equipo deportivo favorito, le gusta la comida que quieres comer y juega los mismos juegos de computadora a los que eres adicto, o (2) Tu vecino al que no le gustan los deportes, que solo come comida "orgánica" y no sabe cómo usar una computadora. ¿A quién elegirías?

Responder a esta pregunta no toma más de 3 segundos. Por supuesto, preferirías estar con las personas cuyos valores, actitudes y comportamientos sean parecidos a los tuyos.

"Jugadores" o "Gamers" en inglés (Gente que pasa mucho tiempo jugando en juegos de computadora) forman grupos porque tienen algo en común: su pasión por jugar los juegos en computadora. Los fanáticos del baloncesto les encanta hablar entre sí ya que tienen ideas e intereses similares.

Este fenómeno, conocido "reflejar" puede ayudarte a ganar la confianza y el interés de los demás. Si tus características son similares a las de ellos, las personas confiarán en ti y les agradarás. Obviamente, la mejor forma de exhibir ciertas cualidades es utilizando movimientos corporales. He aquí las cosas que necesitarías hacer:

La técnica del Reflejo

Asegúrate que tu discurso, creencias, acciones, valores, postura, gestos, patrón de respiración y expresiones faciales compaginen con los de la(s) persona(s) con quien hablas. Simplemente, necesitas ser como ellos.

Con esta técnica, tendrás grandes oportunidades de adaptarte a sus pensamientos. Calibrando de acuerdo a la situación en la que te encuentras será fácil y sencillo.

No necesitas realmente copiar todas sus acciones (lo cual puede ser extremadamente sospechoso). Sería mejor realizar la técnica de "coincidencia cruzada". Por ejemplo, puede hacer coincidir la velocidad de su habla con la de su respiración. También puedes parpadear cada vez que se rasquen cualquier parte de su cuerpo.

Hazlos sentir que quieres conocerlos mejor. Muéstrales tu curiosidad e interés a través de tus palabras y movimientos corporales. Analiza su comportamiento y actitud. Descubre sus historias. Haciendo esto, notarás lo cómodas que se sentirán y estarán las personas alrededor tuyo.

Reflejar versus Imitar

Reflejar e imitar son dos cosas totalmente diferentes. Cuando se utilice la técnica de reflejo, necesitarás ser cauteloso y cortés. Asegúrate de que la persona con quien conversas no se dé cuenta de esta técnica. El copiar las acciones descuidadamente acarreará resultados negativos. Si te sientas cuando esa persona se siente y frotas tus mejillas cuando ella lo hace, esa persona se sentirá ofendida.

Tu objetivo principal es influir en el subconsciente de esa persona. Si estás usando la técnica del reflejo discretamente su mente se dará cuenta de las similitudes entre tú y ella. Por consiguiente, se sentirá cómoda hablando contigo y aceptando tus ideas. Si esa persona siente que ambos comparten características similares, bajará la guardia.

Coincidir con el estado de ánimo de una persona

Necesitas considerar el estado de ánimo de una persona cuando estás reflejando. Si esa persona tiene problemas personales y/o profesionales, por ningún motivo debes caminar hacia ella sonriendo y diciéndole: "Olvídate de tus problemas. Busquemos unas cervezas y tomemos toda la noche"

Esa persona se encuentra en un mal estado de ánimo. Como ella enfrenta esos problemas, se necesita que alguien muestre empatía hacia ella. Asegúrate que tu disposición sea la misma que la de ella y dile: "Sé cómo te sientes. Si necesitas mi ayuda, solo dímelo". Es en este punto que ella necesita a alguien cuyo estado de ánimo sea similar al suyo.

Nota Importante: No use la técnica de reflejo con una persona que enfrenta inquietudes o preocupaciones emocionales. Si usted se refleja en ella, podría terminar absorbiendo sus pensamientos y emociones. Usted quiere influir en ellas; no permita que las emociones de las otras personas arruinen sus planes. Sea sabio

¿Cómo se establece una buena compenetración?

El propósito principal de la técnica de reflejo es establecer una buena compenetración. Lo que se desea es que la otra persona se sienta cómoda hablando contigo. Deseas hacerla sentir que te ha conocido desde hace años. ¿Cómo puedes establecer esa compenetración?

Usa la técnica de reflejo. Pasado algún tiempo, realice un movimiento corporal sutil (por ejemplo, tocar su mejilla). Sabrás que tuvo éxito si esa persona hizo el mismo movimiento. La hiciste sentir cómoda, tanto que acepta tus sugerencias subconscientemente (por ejemplo, el movimiento del cuerpo que hiciste)

Podrás establecer una compenetración aun si hay gran distancia física entre ustedes. Aquí hay algunas cosas que necesitas hacer:

1. Relajarse. Aparte todos los pensamientos negativos de su mente y visualice al individuo a quien desea "reflejar"
2. Sentir la relación entre usted y su objetivo. Libere proyecciones positivas para que puedas absorber la personalidad de tu objetivo.
3. Imagina las actividades que tu objetivo probablemente esté haciendo ahora. Luego, refleja sus comportamientos, principios y movimientos corporales.

Podrás usar esta técnica para emular a esas personas que estás buscando. Por ejemplo, si desea ser un exitoso empresario justo como su jefe. Usando la técnica mencionada anteriormente, lograrás ver mejoras rápidas y excelentes en tu rendimiento general.

Capítulo 3 – Negociaciones y el lenguaje corporal

A diario haces negociaciones. Por ejemplo, tu negocias con tu jefe para tener un bien merecido aumento. Interesantemente, el lenguaje corporal juega un importante rol en cada aspecto de una negociación.

El Lenguaje corporal se vuelve crucial cuando se trata de negociaciones comerciales. Al leer los gestos de los demás y ejecutar los movimientos corporales correctos, tendrás "oportunidades ganadoras" en la negociación.

La Fase Inicial

La negociación comienza tan pronto como entras al "área de negociación". Observa el lenguaje corporal de tu(s) contraparte(s). Enfócate en observar pecho, cabeza, manos, pies, piernas y brazos.Además de leer sus signos corporales, esta técnica te ayudará a convertirte en un oyente eficaz.

El Espacio Personal

Durante una negociación, cada individuo establece su espacio personal (también conocido como "territorio"). En las empresas, los "altos mandos" (es decir, los funcionarios de alto rango de la empresa) requieren un amplio espacio personal.

Por ejemplo, el derecho a sentarse en la "silla dominante" (es decir, la silla en la cabeza de la mesa) simboliza el poder. Puedes contrarrestar la autoridad de la "persona dominante" sentando a tus aliados alrededor de la mesa. Rodee a la parte dominante o busque un arreglo de asientos que le permita ganar más control sobre la discusión.

Primeras Impresiones

Cuando se trata de negociaciones, el movimiento más importante es el primero. Es como si estuvieras jugando al ajedrez. La persona que tiene el primer movimiento tiene la ventaja porque puede realizar el primer ataque. Los movimientos y la estrategia general a utilizar en el juego dependen de la primera jugada realizada en el tablero.

Por lo tanto, debe hacer un primer movimiento que sea firme, lógico y profundamente analizado. Comienza con tu lenguaje corporal. Proyecte positividad y entusiasmo. Por ejemplo, si está en una reunión importante, mire a otras personas a los ojos. Como probablemente haya escuchado antes, los ojos sirven como ventanas para el alma de una persona. Si no puede establecer y / o mantener contacto visual con sus contrapartes, ellos pensarán que está mintiendo u ocultando algo.

Asegúrese de que su apretón de manos sea sólido. Sostenga la mano de la otra persona firmemente. Algunas personas piensan que apretar la mano de la otra persona es genial. Sin embargo, nada puede estar más lejos de la verdad.

Establezca contacto visual y presione la mano de la otra persona una vez. Presionar su mano dos veces significa que estás entusiasmado con la negociación. Presionar la mano de la persona tres o más veces, sin embargo, puede hacer que se sienta incómodo.

Usa tu conocimiento sobre el lenguaje corporal
Mientras negocia, observe los movimientos corporales de las personas involucradas. La primera parte de este

libro te enseñó a leer los signos de las personas. Use ese conocimiento para saber si las personas con las que está hablando lo creen, lo dudan o aceptan lo que dijo. Incluso puedes usar el lenguaje corporal para detectar si alguien está mintiendo.

Reconocer y analizar las señales mencionadas anteriormente. Además, debe considerar todas las acciones que realiza. Si exhibe signos de duda, miedo o nerviosismo, sus contrapartes (especialmente aquellos que saben el lenguaje corporal) pueden explotar la situación.

Capítulo 4 – Cómo los vendedores usan el lenguaje corporal

Según los psicólogos, su influencia sobre los demás se basa en las palabras que dice (7 por ciento), la forma en que habla (38 por ciento) y la forma en que mueve su cuerpo (cincuenta y cinco por ciento). Por lo tanto, transmite el 93 por ciento de sus ideas y emociones sin decir lo que quiere decir. Esta declaración también se aplica a las ventas.

Las personas venden ideas, servicios y productos en físico. Si usted desea vender rápida y efectivamente, debe aprovechar el poder del lenguaje corporal.

Cuando vendes algo, puedes usar gestos, posturas, apariencia física y expresiones faciales para cerrar ventas. Casi todos los clientes confían en sus sentidos cuando compran cosas, por lo tanto, debes hacer todo lo posible para influir positivamente en los sentidos de tus clientes.

Mucha gente piensa que la imagen de Apple es positiva. la Compañía Apple utiliza su personalidad corporativa para proyectar una imagen de simplicidad, elegancia, innovación y excelencia técnica. La gente compra no solo los dispositivos ofrecidos por Apple, también compra la imagen y reputación de la compañía.

Además, las personas creen que la comunicación no verbal está directamente relacionada con la credibilidad de una persona. Mientras menos palabras digas, más creíble eres. La mayoría de las veces, influencias a otros con las palabras que no estás diciendo, y no con las palabras que realmente dices. Las señales que muestras a través de los movimientos del cuerpo indican moralidad, comprensión, compasión y disposición.

Cuando estés vendiendo, tu cliente te analizará tan pronto como te vea. Este análisis tarda unos diez segundos y se basa en la imagen que proyecta. Los primeros segundos de la reunión juegan un papel crucial. Las impresiones que tu cliente hará sobre ti tendrán una gran influencia en el resultado de la transacción.

Las preguntas no verbales que envíe durante la fase inicial de la reunión pueden marcar la diferencia entre el éxito y el fracaso.

Notas importantes

- Los estadounidenses utilizan innumerables señales no verbales. Esta es la razón por la que pueden leer el lenguaje corporal fácilmente.

- Gracias a sus instintos naturales, las mujeres son más hábiles que los hombres cuando se trata de leer y usar el lenguaje corporal. No es de extrañar que algunas mujeres disfruten de más éxito que los hombres en diferentes campos.

- El lenguaje corporal es "universal". Las personas de todo el mundo usan los mismos movimientos corporales para expresar mensajes. Por ejemplo, una persona asiente con la cabeza cuando acepta una declaración.

- Debes observar estas señales intrincados para descubrir el mensaje real detrás de ellos. Descubrir el mensaje real es tan fácil como analizar patrones. Busque conjuntos de gestos que puedan tener significados idénticos con respecto a las expresiones basadas en palabras y la situación en la que se encuentra.

Las técnicas

Estas son algunas de las cosas que puedes hacer cuando vendes algo:

1. Analiza cómo tu cliente te da la mano. Puede utilizar esta técnica para evaluar la personalidad de un individuo rápidamente. Las personas asertivas dan firmes apretones de manos. Los que tienen poca confianza, sin embargo, dan apretones de manos débiles. Las personas que intentan ganarse su confianza cubrirán el apretón de manos con la otra mano (algunos de ellos pueden sostener su codo). Al estrechar la mano de una persona, sea firme pero no ejerza fuerza de aplastamiento. Su apretón de manos debe expresar profesionalidad, no agresividad.

2. Compruebe la postura de la otra parte. Una persona desinteresada mantiene sus ojos en el suelo y se encoge de hombros. Puede dar una imagen cómoda y segura si se mantiene

erguido y distribuye su peso entre los pies.

3. Asegúrate de que tu expresión facial sea genuina. No use lentes de sol: su cliente puede pensar que usted es sospechoso ya que no puede ver sus ojos. La gente puede saber si estás mintiendo o escondiendo algo con solo mirarte a los ojos. Sin embargo, absténgase de dar miradas penetrantes: esto puede intimidar a su cliente.

4. Usa movimientos de cuerpo abierto mientras haces presentaciones de ventas. Cruzar los brazos puede arruinar la confianza de su cliente. Sería genial hacer movimientos de manos hacia arriba y / o hacia afuera mientras se habla. No sostenga la parte trasera de su cabeza mientras se recuesta en su silla: este gesto emana arrogancia.

5. Nunca apunte con el dedo a su cliente: este gesto puede finalizar la reunión de forma rápida y negativa. Señalar con el dedo a alguien es un gesto "hostil": olvídate de este movimiento corporal

mientras hablas con tus clientes.

6. Desabrocha / quita tu chaqueta. Este gesto le dice a su cliente que está preparado para su contraoferta. Póngase las mangas para mostrarle a su cliente que está preparado para tomar una decisión o aceptar su oferta.

Escenarios típicos

He aquí hay algunas situaciones que puedes encontrar mientras usas el lenguaje corporal para vender:

- Si el cliente cruza los brazos, significa que carece de interés. Usa movimientos corporales positivos para hacer que cambien de postura. No comience el proceso de venta hasta que la persona deshaga el cruce los brazos. Una vez que el cliente abre sus manos y no cruce sus brazos, haga su oferta con claridad y confianza.

- Si su cliente copia los movimientos de su cuerpo, tiene grandes posibilidades de cerrar la venta. Una vez que el cliente imite sus movimientos, indique todos los beneficios y / o características de su oferta.

- Si el cliente se toca la boca, la nariz o los ojos, sus posibilidades de completar la transacción son extremadamente bajas. Tus acciones y / o declaraciones anteriores probablemente lo desanimaron. Aquí, no tienes que perder la esperanza. Simplemente vuelva a la primera parte del proceso de venta y haga algunos ajustes. Asegúrele a su cliente que obtendrá un trato excelente. Pon tus manos en el pecho varias veces (es decir, para demostrar que es honesto) y mantenga las palmas abiertas. De esta manera, puede establecer un ambiente de venta positivo.
- Monitoree las señales mostradas por su cliente. Si sus movimientos indican interés y / o aceptación, ofrezca su mejor oferta de venta y complete la transacción. El lenguaje corporal de su cliente puede cambiar de negativo a positivo, y viceversa. Muestra tu sinceridad en todas tus palabras y acciones. Haga todo lo que pueda para ganarse la confianza de sus clientes.

- Si la persona se niega a comprar, debe mostrar diplomacia y profesionalidad. Sé sincero mientras estreche la mano y le da las gracias a su cliente. Independientemente de tus "habilidades de venta", seguramente te encontrarás con clientes que no quieren comprar. Cuando enfrente a este tipo de cliente, finalice su presentación de ventas con energía y entusiasmo. Es posible que esa persona se convierta en un cliente que pague la próxima vez.

Capítulo 5 - Entrevistas de trabajo y el lenguaje corporal

En esta parte del libro, sabrás cómo usar el lenguaje corporal para conseguir el trabajo de tus sueños.

Tu personalidad

Los entrevistadores pueden determinar su tipo de personalidad simplemente observando los movimientos de su cuerpo. Pueden usar sus "señales corporales" para saber si puedes manejar la posición que estás solicitando. Al hacer preguntas, un entrevistador vigila no solo las palabras que se dicen, sino también la manera de hablar del entrevistado. Si deseas ser contratado, debes hacer los gestos correctos mientras lee el lenguaje corporal del entrevistador.

Puntualidad

Obedecer el horario: este es uno de los aspectos más importantes de una entrevista de trabajo. Las entrevistas de trabajo son reuniones importantes, por lo tanto, llegar tarde puede llevar a la pérdida de oportunidades laborales. La forma en que sigue el horario envía mensajes poderosos a su posible empleador. Estos mensajes pueden decir muchas cosas acerca de tu profesionalismo y actitud hacia el trabajo. Decir que te quedaste atascado en el tráfico es una excusa poco convincente.

El apretón de manos

No inicies el apretón de manos. En lugar de eso, se debe esperar a que el entrevistador le ofrezca la mano. Mire a los ojos del entrevistador y agite su mano firmemente.

La postura

Su postura juega un papel crucial durante una entrevista de trabajo. Esta es la postura que debe usar: apoye la espalda contra la silla y mantenga el cuerpo recto. Agacharse o mover el cuerpo hacia los lados puede indicar aburrimiento o indiferencia.

Cuando el entrevistador habla, puedes inclinar ligeramente tu cuerpo hacia adelante. Este gesto indica que estás interesado en lo que él te está diciendo. Inclinar ligeramente la cabeza significa que quiere escuchar sus palabras con claridad.

Los gestos correctos

Cruzarse de brazos significa que estás a la defensiva. Sería genial si colocaras tus manos en el reposabrazos de su silla. Al colocar las manos de esta manera, puedes hacer gestos con las manos que coincidan con sus palabras.

Al expresar verbalmente tus ideas, hazleves movimientos de cabeza para enfatizar tu punto. También puedes usar las manos para mejorar la conversación. En general, los entrevistadores piensan que un entrevistado tiene confianza si este último hace movimientos con las manos.

Nota importante: mover las manos como un maníaco durante los primeros minutos de la entrevista es una idea horrible. El mejor enfoque es limitar los movimientos de las manos durante la fase inicial de la reunión y luego aumentarlos gradualmente a medida que continúa la entrevista.

La lista que figura a continuación muestra algunas de las cosas que los entrevistados hacen involuntariamente. Estos gestos pueden irritar mucho a los entrevistadores:

- Jugar con tu bolígrafo.
- Mover los pies continuamente.
- Colocar tu dedo dentro de su boca y / o morderse las uñas.
- Tamborilear tus dedos sobre la mesa.

El lenguaje corporal del entrevistador

Analizar el lenguaje corporal de su entrevistador también es importante. Al observar y evaluar los movimientos de su cuerpo, tendrás una indicación aproximada de su desempeño. Eso significa que puedes hacer ajustes a tu enfoque en caso de que te vaya mal en la entrevista.

Por ejemplo, si tu acción o declaración anterior ha disgustado a su entrevistador, él usará el lenguaje corporal para expresar su molestia. Los entrevistadores suelen mirar hacia abajo, suspirar, recostarse, doblar los brazos o sacudir la cabeza cada vez que se irritan o descontentan.

Conclusión

¡Gracias de nuevo por descargar este libro! Espero que este libro te haya ayudado a convertirte en un experto en el uso del lenguaje corporal.

El siguiente paso es aplicar las lecciones que ha aprendido en este libro. Con la práctica regular, puedes utilizar esta forma de comunicación para lograr tus objetivos personales y profesionales. Recuerda, tus acciones forman la persona que eres, en el sentido más verdadero.

Finalmente, si disfrutaste de este libro, me gustaría pedirte un favor, ¿serías tan amable de dejar una reseña para este libro? ¡Sería muy apreciado!

¡Gracias y buena suerte!

CPSIA information can be obtained
at www.ICGtesting.com
Printed in the USA
BVHW041121220120
570187BV00023B/1220